MANUEL PRATIQUE

DE VANNERIE

MANUEL PRATIQUE

DE

VANNERIE

PAR

PAUL HASLUCK

Édition française par L. GRUNY

AVEC 189 FIGURES DANS LE TEXTE

PARIS

Librairie Bernard TIGNOL

PUBLICATIONS DE LA

LIBRAIRIE de l'ÉCOLE CENTRALE des ARTS et MANUFACTURES

53 bis, Quai des Grands-Augustins, 53 bis

Tous droits de traduction et de reproduction réservés.

INTRODUCTION

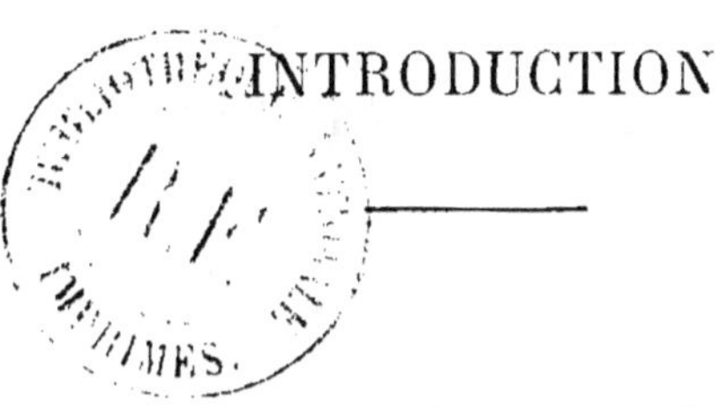

La vannerie est une industrie simple, peu fatigante, ne nécessitant aucune installation spéciale ; la matière première se trouve à bon marché dans tous les pays. Elle entraîne à si peu de frais que l'on peut dire de cette petite industrie qu'elle est, mieux que beaucoup d'autres, à la portée de tout le monde.

Il est à peine besoin de savoir dessiner les modèles, car nous les connaissons tous de vue depuis notre enfance ; le matériel nécessaire est peu coûteux et peu compliqué.

On peut obtenir aussi aisément les articles de fantaisie, ornements d'intérieur ou menus objets, que les articles indispensables aux ménages. Le lecteur pourra même, après la lecture de ce petit volume, dès qu'il aura pu obtenir l'habileté professionnelle que donne seule la pratique, transformer un agréable passe-temps en une source modeste mais certaine de revenus, car, si les articles de vannerie ne se vendent généralement pas à des prix élevés, ils sont d'une vente facile car ils se trouvent partout, à la ville comme à la campagne. Ce sont des articles de première nécessité que l'on utilise dans toutes les chaumières comme dans tous les châteaux, dans les plus luxueux ou les plus modestes intérieurs.

TABLE DES MATIÈRES

MANUEL PRATIQUE

DE VANNERIE

CHAPITRE PREMIER

OUTILLAGE, MATIÈRES PREMIÈRES

Nous allons tout d'abord décrire les outils. La figure 1 représente l'une des extrémités d'un étau, dans lequel on commence tous les paniers carrés et les fauteuils d'osier. Deux morceaux de bois ayant 95 centimètres de long, 6 centimètres d'épaisseur et 8 centimètres de large sont nécessaires. Le meilleur bois que l'on puisse employer est le chêne bien sec ; mais, naturellement, on peut se servir de bois blanc ordinaire ; toutefois, plus le bois est dur, mieux cela vaut. A 15 centimètres de chaque extrémité, percez des trous de 1 centimètre pour vis de 20 centimètres de long et dont les écrous ont une boucle comme le représente la figure 1. Les vis peuvent être pourvues de « boîtes » carrées engagées dans le bois pour les empêcher de tourner pendant le serrage. Le premier forgeron venu peut faire ces vis et ces écrous. Percez les trous dans l'épaisseur (6 centimètres) du bois.

La figure 2 représente un outil appelé redressoir. Il est en fer, de 1 centimètre et demi d'épaisseur, avec deux anneaux, un à chaque extrémité, ayant un diamètre intérieur de 4 et 5 centimètres respectivement. Cet outil sert pour redresser les grosses branches courbées, mais on ne l'emploie pas souvent.

La figure 3 représente un couteau et la figure 4, une serpette. Les figures 5 et 6 représentent un petit poinçon et un grand poinçon ; ceux-ci servent à percer au travers des branches et des baguettes des trous où l'on fera passer de force de petites tiges. La figure 7 représente une paire de cisailles qui servent à couper l'osier ; il faut qu'elles soient solides et d'une longueur de 25 à 30 centimètres.

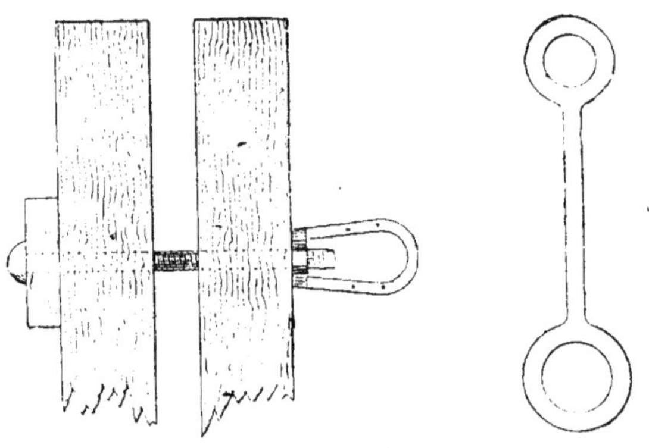

Fig. 1. — Etau.   Fig. 2. — Redressoir.

La figure 8 représente un fer plat ou « batte », dont on se sert avec les poinçons, pour serrer les brins d'osier les uns contre les autres.

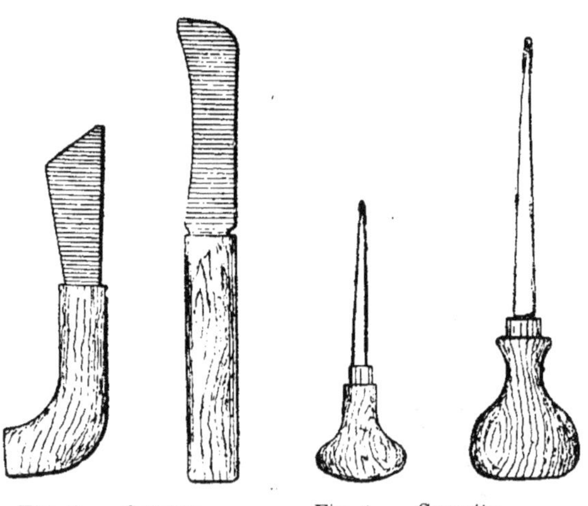

Fig. 3. — Couteau   Fig. 4. — Serpette.
Fig. 5. — Petit poinçon.   Fig. 6. — Grand poinçon.

On a aussi besoin d'un mètre, à défaut du mètre plat pliant ou droit, en vente dans les bazars ; ce qui vaut le mieux pour cela est un brin d'osier brun, c'est-à-dire ayant encore son écorce, car on le distingue ainsi facilement des brins blancs auxquels il sera mélangé. Faites une encoche à tous les centimètres, et une croix tous les dix centimètres, comme l'indique la figure 9.

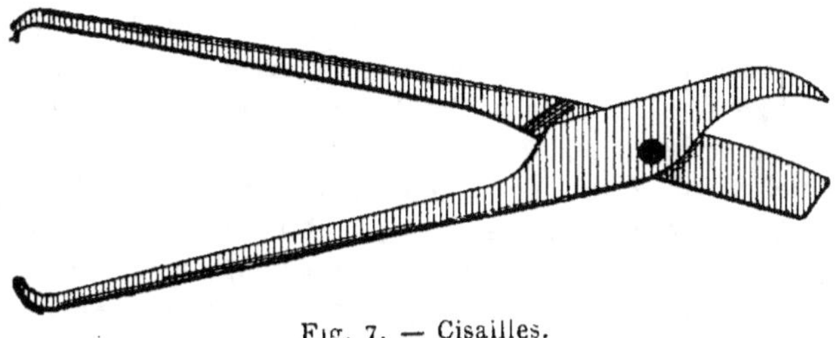

Fig. 7. — Cisailles.

On peut acheter dans la plupart des villes, au poids ou par paquets, de l'osier de différentes dimensions pour la vannerie.

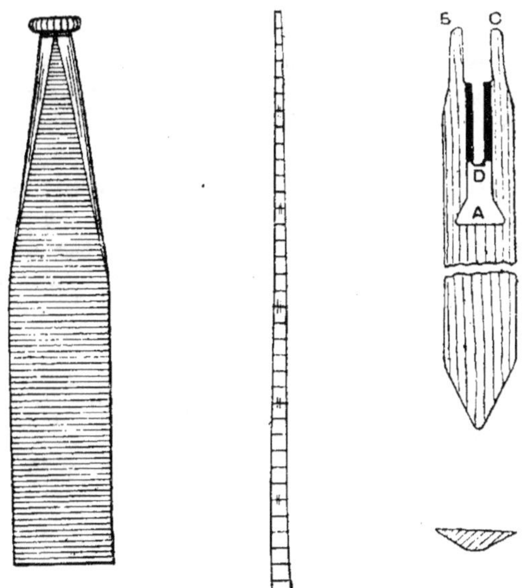

Fig. 8. — Fer plat ou «batte ».   Fig. 9. — Mètre.
Fig. 10. — Rifloir.   Fig. 11. — Lame de rifloir.

Pour écorcer l'osier, on se sert de l'outil que représente la figure 10 et qui porte le nom de « rifloir » ; c'est un morceau de bois bien sec d'environ 90 centimètres de long et de 7 centimètres et demi d'épaisseur à l'endroit le plus épais. Une partie du cœur du bois est enlevée à la scie, en commençant à l'endroit le plus mince, sur 40 centimètres de la longueur environ ; ce morceau est ensuite découpé avec un ciseau, de la forme indiquée en A. Deux morceaux de fer de forme triangulaire D (représentés en coupe, fig. 11) sont ensuite fixés au moyen de vis en B et C, l'angle légèrement arrondi de chacun d'eux se trouvant exactement en face de l'autre. Quand on presse B contre C avec la main gauche et que l'on tire le brin d'osier entre les deux morceaux de fer, l'écorce est fendue en deux et s'enlève facilement sans que l'on abîme en quoi que ce soit la partie blanche de l'osier.

Pour préparer l'osier, il faut le mouiller en bottes, soit en l'arrosant, soit en le trempant dans un bassin quelconque rempli d'eau, puis en le plaçant sur une surface mouillée et en le recouvrant de sacs humides ; de toute façon, il faut que l'eau pénètre l'osier pour le rendre maniable et flexible. Si l'eau reste sur l'extérieur des brins lorsque l'on commence à travailler, mettez-les debout quelques minutes le haut en bas et l'eau s'écoulera rapidement.

L'osier brun doit tremper assez longtemps avant d'avoir assez d'humidité pour pouvoir être travaillé ; on n'emploie jamais l'osier vert fraîchement coupé : il faut le laisser plusieurs mois pour sécher et se resserrer complètement. Cet osier doit rester dans l'eau pendant plusieurs jours ; à défaut de bassin, on peut le rassembler en bottes serrées bien arrosées de temps à autre et recouvertes de sacs mouillés. Si on en a un besoin urgent, on peut essayer l'eau bouillante. Presque tous les genres d'osier, même celui de qualité inférieure, peuvent être utilisables après qu'on les a fait bouillir. En tâtant par moments un ou deux des brins, l'ouvrier se rend facilement compte du degré de préparation.

Les chaises couleur paille qui sont à la mode sont faites avec de l'osier que l'on a fait bouillir sans l'écorcer. L'écorce teint le bois d'une façon permanente. On enlève ensuite l'écorce, et on fait bien sécher cet osier en plein air. On peut acheter cet osier teint, mais il coûte plus cher que le blanc.

Pour obtenir des liens en osier, plusieurs outils sont utiles. On se sert des liens pour fabriquer des tamis à son, pour terminer certaines chaises, pour raccommoder, etc.

On aura besoin d'un ou deux fendoirs en bois (fig. 12 à 15), un pour fendre les brins en trois (fig. 12 et 13), un autre (fig. 14 et 15) pour fendre des brins plus gros en quatre ; le rabot (fig. 16 et 17) est employé pour enlever la moelle des liens : on le tient dans la main gauche contre le genou gauche. L'extrémité supérieure du lien est placée à l'intérieur entre la plaque de fer et le couteau fixe et on la tire pour la faire passer avec la main droite. Il faudra avoir un doigtier en cuir pour mettre au pouce gauche qui presse le lien contre la plaque de fer tout auprès du couteau. Si celui-ci est en bon état et si on tient solidement le rabot, on peut travailler le lien d'un bout à l'autre.

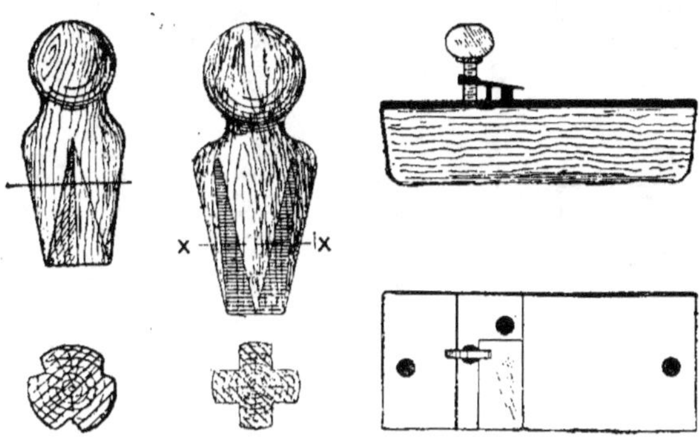

Fig. 12 à 15. — Fendoirs à osier.
Fig. 16 et 17. — Rabot de vannier.

Un autre outil, le rabot droit (fig. 18 et 19), sert à réduire les liens à la même largeur d'une extrémité à l'autre, la base d'un brin étant bien plus grosse que l'extrémité supérieure. L'alène de vannier est représentée par la figure 20. Il faut également avoir deux bancs ; l'un pour s'y asseoir et l'autre pour y poser le travail. Pour faire un de ces bancs, prenez une planche de 30 centimètres de long, 2 centimètres d'épaisseur, sciez deux morceaux d'un mètre environ pour chaque banc et clouez les extrémités à des morceaux de bois ayant 55 centimètres de long, 10 centimètres de large et une épaisseur de 4 centimètres. Les bancs auront alors 55 centimètres de large et une hauteur de 10 centimètres au-dessus du sol. Grâce à ces bancs, l'ouvrier domine complètement son ouvrage ; il s'assied à une extrémité, les jambes écartées de chaque côté du banc, et le banc pour le travail reposant sur ses genoux, ou, ce qui est plus agréable, sur un bloc de bois un peu plus haut que ses jambes. A mesure que le travail avance, l'ouvrier devra s'élever, et il lui faudra un siège plus haut.

Pour la vannerie fantaisie, on emploie le jonc et le rotin ; lorsque l'on désire blanchir le rotin, on se sert de chlorure de chaux. Faites d'abord dissoudre 500 grammes de soude dans quatre litres et demi d'eau et, tandis qu'elle est encore chaude, trempez-y les rotins pendant une heure ou deux. Retirez-les et trempez-les dans l'eau claire. Préparez ensuite une solution de 500 grammes de chlorure de chaux dans neuf litres d'eau ; laissez les rotins y tremper pendant une nuit, enlevez-les, puis mettez-les dans un bain d'acide sulfurique dilué à une partie d'acide pour douze parties d'eau. Retirez-les de nouveau et lavez-les à l'eau courante pendant plusieurs heures pour faire disparaître l'acide. Appliquez d'abord ce procédé à quelques rotins, à titre d'essai.

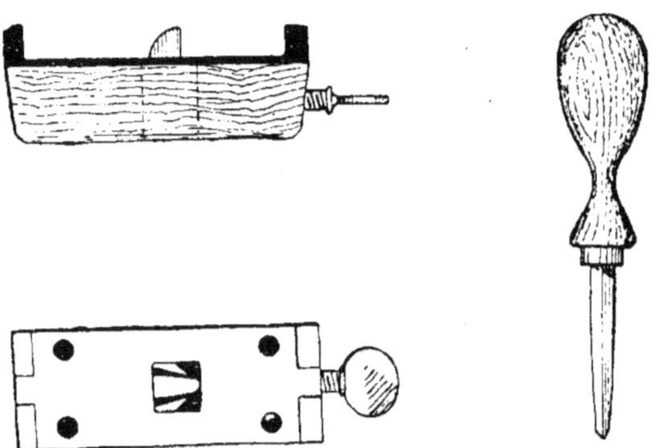

Fig. 18 et 19. — Rabot droit.   Fig. 20. — Alène.

On se sert, pour les paniers, de différents genres de teintures et de vernis. Le plus souvent, on passe la teinture après que les paniers sont terminés. Le brun Van Dick étendu de térébenthine donne la nuance acajou. Ayez soin que les paniers soient entièrement secs, puis donnez une couche de couleur avec un pinceau. Lorsque celle-ci est sèche, appliquez-en une seconde, un peu plus épaisse.

On obtient une teinture brune pour la vannerie avec du permanganate de potasse dissous dans la proportion de 30 grammes pour un litre d'eau. Passez ensuite une seconde teinte composée de 125 grammes de potasse brune d'Amérique, 30 grammes de noix de galle et 3 litres d'eau. Donnez la teinte voulue avec du brun Van Dick.

Un moyen de produire une nuance acajou, c'est de recouvrir les paniers d'une couche de gomme dissoute dans l'eau. Lorsqu'elle est sèche, passez avec un pinceau un peu de bichromate de potasse dissous dans de l'eau très chaude. Puis, terminez en donnant une couche de vernis laqué. Il y a encore un moyen qui consiste à faire bouillir un peu de bois de campêche ou d'extrait, dans de l'eau, puis à y ajouter avec précaution un peu d'acide sulfurique ; on peut employer cette préparation, soit en la versant sur les paniers, soit en l'appliquant avec un pinceau. Pour terminer, vernissez comme dans les cas précédents, au moyen d'un vernis de bonne qualité.

CHAPITRE II

PANIERS ORDINAIRES

On peut apprendre les éléments de la vannerie en se servant de petit rotin qui se manipule plus facilement que l'osier. Pour faire les côtés du petit panier que représente la figure 21, procurez-vous une botte de rotins n° 3, et pour les montants ou rayons, prenez une botte de rotins n° 8 ; les montants doivent être plus gros que les rotins du tissu, que l'on appelle aussi « clôture ».

Coupez un nombre suffisant de morceaux de gros rotin pour faire les rayons du fond, qui constituent également les montants des côtés ; ils doivent être assez longs pour former les deux hauteurs du panier et la largeur du fond, plus un supplément de 20 à 25 centimètres pour faire une bordure fantaisie autour du haut du panier.

Pour un premier essai, un panier de 10 à 12 centimètres de haut et de 12 centimètres de large au fond fera l'affaire ; par conséquent, il faut que les rayons aient chacun environ 75 centimètres de long. Plus il y aura de tiges, plus le panier sera solide ; mais, pour cette taille, huit suffiront, chacune ayant 75 centimètres de long, plus une autre de demi-longueur, soit 38 centimètres. Mettez-les à tremper dans l'eau (chaude ou froide) pendant environ vingt minutes, avec une douzaine de longueurs de rotin n° 3. Ne coupez pas le petit rotin, car il y a avantage à l'avoir très long pour natter, afin d'éviter les raccords. Lorsque les rayons ont suffisamment trempé, mettez-en quatre l'un près de l'autre, en les tenant de la main gauche, et placez les quatre autres morceaux perpendiculairement aux premiers et les croisant en leur milieu, en insérant le morceau de demi-longueur seulement jusqu'à l'endroit indiqué par la figure 22. Maintenez le tout en place avec la main gauche, et attachez les morceaux étroitement avec un long rotin n° 3. Le moyen le plus facile de procéder consiste à faire pénétrer une extrémité du petit rotin entre les deux rangs de rayons, et à l'enrouler

Fig. 21. — Panier rond ordinaire.

plusieurs fois solidement pour les tenir tous en place, de la manière suivante : enfoncez l'extrémité du petit rotin à l'angle marqué A (fig. 22), puis amenez le morceau qui sert à natter par-dessus tous les morceaux marqués B, par-dessous les C, par-dessus les D et par-des-

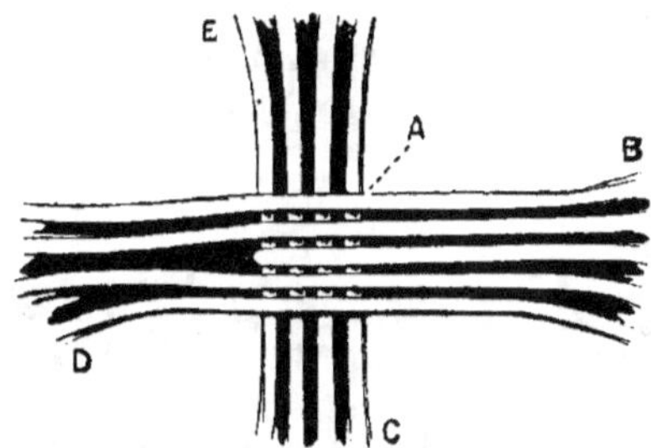

Fig. 22. — Commencement de panier rond.

sous les E. Ceci doit être fait sur trois tours consécutifs, et maintenir le tout ensemble, comme le montre la figure 23. Ce point de jonction sera le milieu du fond du panier, et si ce milieu n'est pas serré forte-ment, tout le panier sera lâche et mal équilibré, de sorte qu'il est important de tirer aussi fort que possible le brin de liaison.

Commencez ensuite à écarter les rayons, et continuez à natter avec le même brin, mais au-dessus et au-dessous de chaque rotin alternativement. Tenez la partie faite dans la main gauche et faites le nattage avec la main droite en tournant toujours l'ouvrage. Au bout de quelques tours, les rayons devront être écartés à égale distance, et ressembler à une toile d'araignée.

Remarquez que le demi-rotin, qui n'a été introduit que jusqu'au centre, est nécessaire pour donner un nombre impair de rayons ; autre-

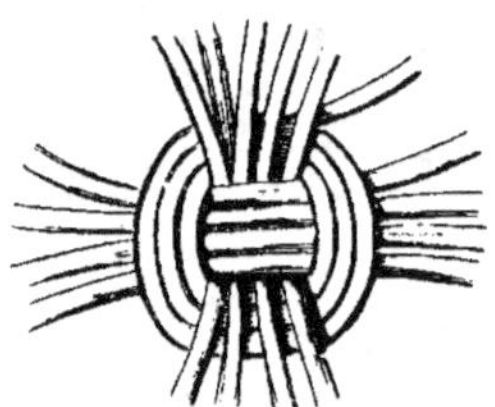

Fig. 23. — Commencement de panier rond.

ment, le travail n'irait pas bien. Tirez vers le centre le brin avec lequel vous travaillez, entre les rayons, de manière à serrer et à « clore » le tissu autant qu'il est possible. C'est ce qui constitue, en réalité, la partie la plus difficile du travail, car dès que les rayons sont écartés régulièrement, il est facile de continuer à natter en tournant jusqu'à ce que l'ouvrage soit assez grand pour former le fond du panier ; mais le brin aura sans doute été complètement employé auparavant, et il faudra en raccorder un nouveau. Pour cela, employez le premier brin jusqu'au

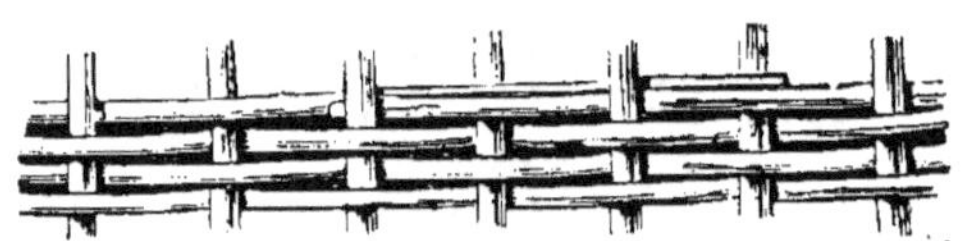

Fig. 24. — Manière de faire un raccord.

bout, puis commencez le nouveau à quatre ou cinq rayons en arrière en poussant l'une des extrémités entre le premier brin et l'un des rayons, comme l'indique la figure 24, et nattez les deux brins ensemble, non l'un sur l'autre, car cela ferait un rang de plus en cet endroit, mais l'un près de l'autre, jusqu'à ce que le premier brin soit fini et que le nouveau soit prêt pour la suite du travail. Ce raccord doit être presque imperceptible ; mais, quelquefois, l'une des extrémités ressortira, en dépit de toutes les précautions. Dans ce cas, laissez-la jusqu'à ce que le panier soit fini, et une fois sèche, coupez-la.

Lorsque le fond du panier a 12 centimètres de diamètre, il faut dresser les rayons pour en faire les montants des côtés. La partie déjà faite ne sera probablement pas plate ; mais ceci n'en vaut que mieux, car le panier sera plus d'aplomb si le fond est un peu relevé au centre. Mettez-la donc sur une table, le côté creux en dessous, et courbez chacun des rayons à son tour. Il est bon de remettre le tout dans l'eau auparavant, de manière à l'assouplir entièrement, car, si les rayons sont trop secs, ils se casseront au lieu de plier. Une petite cassure importe peu ; si un rayon se brise tout à fait, il faut le couper aussi court que possible et en introduire un nouveau à côté jusqu'au milieu ; mais, avec de la précaution, on évitera de briser les rayons, car s'ils sont assez humides, on pourra les dresser jusqu'au dernier rang de la « clôture ». Ils ne tiendront bien droit que quand quelques rangs de nattage auront été faits.

Ce qu'il y a de mieux à faire, c'est de poser l'ouvrage de côté sur une table ou sur le genou, le fond devant l'ouvrier et les montants s'éloignant de lui, et de natter en tournant, comme auparavant, de gauche à droite, en tirant fortement le brin pour maintenir les montants bien droits, ce que l'on obtiendra bientôt. La forme du panier sera très améliorée si les côtés peuvent être un peu inclinés vers le dehors ; mais il faut une certaine habitude pour l'obtenir également tout autour. Il est d'un grand secours de mettre une terrine ou un pot à fleurs à l'intérieur du panier et de travailler autour, bien qu'il vaille mieux apprendre le travail sans cette aide. Enfoncez toujours chaque rang du nattage dès qu'il est terminé, pour affermir le panier, la main gauche abaissant le nattage tandis que la main droite tient le brin.

Lorsque les côtés ont 13 centimètres de haut (ou toute autre hauteur qui paraîtra convenable), on peut finir la bordure. Prenez un court morceau de rotin n° 3, un peu plus long que la circonférence du panier, et introduisez-en une extrémité derrière le brin qui travaille, comme pour faire un raccord, ou enfoncez cette extrémité à côté du dernier montant, puis tordez les deux brins en les employant alternativement, de la manière suivante : Passez le nouveau brin B (fig. 25) derrière le montant C et devant D ; tandis que l'ancien brin A passe devant C et derrière D. Ensuite, B vient derrière E, A va derrière F, B vient derrière G et ainsi de suite tout autour. Cela produit une tresse nette plus ferme que la « clôture » ordinaire, et empêche le rang supérieur de se défaire. Lorsque vous revenez au commencement de la tresse, coupez les deux brins en laissant des bouts d'environ 3 centi-

mètres de long que vous introduirez dans la première boucle de la
tresse, pour l'arrêter. On peut observer à ce propos qu'une tresse de
ce genre faite autour du fond du panier avant que l'on commence les
côtés améliore l'ouvrage.

Maintenant, le panier est terminé, mais il reste à disposer les extrémités supérieures des montants. Pour un débutant, le procédé le plus
simple est une bordure en treillis que l'on fait comme suit : Recourbez
l'un des montants comme l'indique la figure 26, et mesurez la hauteur
du panier ; coupez ce montant en A et, après l'avoir passé derrière B,
enfoncez-le avec précautions entre les brins de la « clôture », **tout**
contre le côté du montant C, qui est le deuxième montant après A.

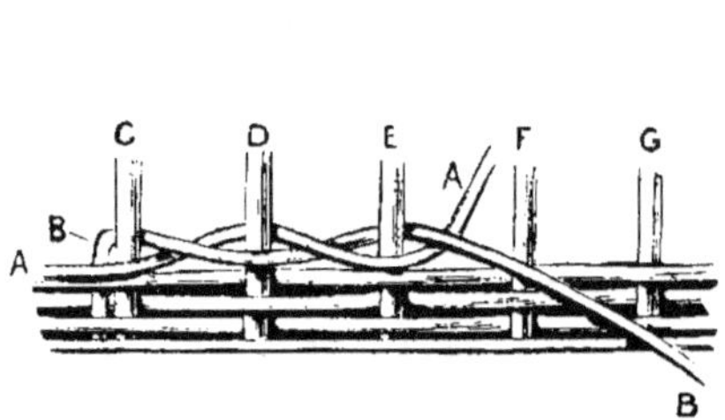

Fig. 25. — Tresse.

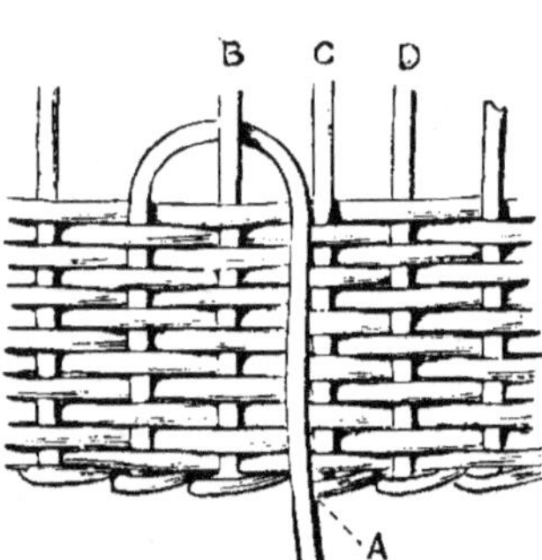

Fig. 26. — Bordure treillis.

Puis, coupez B de la même manière, courbez-le derrière C et enfoncez-
le auprès de D. Il est très utile d'avoir un outil pour préparer entre les
brins le passage pour le montant que l'on enfonce ; on peut se servir
de ciseaux ou d'une brochette ordinaire, mais un poinçon est plus commode.

Il faut avoir soin de faire la bordure de la même hauteur sur tout le
pourtour du panier. Lorsque celui-ci est terminé et tandis qu'il est
encore humide, on peut le mettre à la forme, si c'est nécessaire, en le
façonnant avec les mains et en le remouillant, au besoin. Le fond
devra, peut-être, être relevé au milieu pour avoir plus d'aplomb, ou
un endroit du panier ressortira plus qu'un autre. Façonnez-le le
mieux possible, puis laissez-le sécher sans y toucher, jusqu'à ce qu'il
devienne tout à fait dur et ferme. Une fois qu'il sera bien sec, il faudra
l'examiner attentivement et couper tous les bouts qui pourraient dépasser aux raccords. Le panier se resserre un peu en séchant ; c'est pour-
quoi les bouts ne devront pas être coupés avant que tout soit bien sec.
Le panier terminé est représenté par la figure 21.

Après que l'on a fait un panier, il est facile d'apprendre différents genres de commencements de panier et diverses formes de bordures.

Un « commencement » très solide consiste à croiser les rayons au centre, à introduire une extrémité du brin comme précédemment, puis à le fixer autour des rayons comme le montre la figure 27. Terminé, il

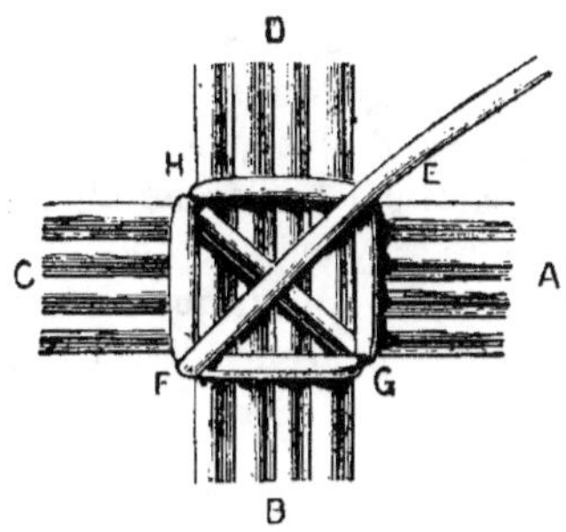

Fig. 27. — Commencement simple de panier.

doit être semblable des deux côtés, avec une croix en diagonale et un lien droit de chaque côté formant un carré. Peu importe comment ceci est fait, mais la règle suivante aidera à mener à bien ce travail : Commencez à l'angle E (fig. 27), faites passer le brin sous les rayons A,

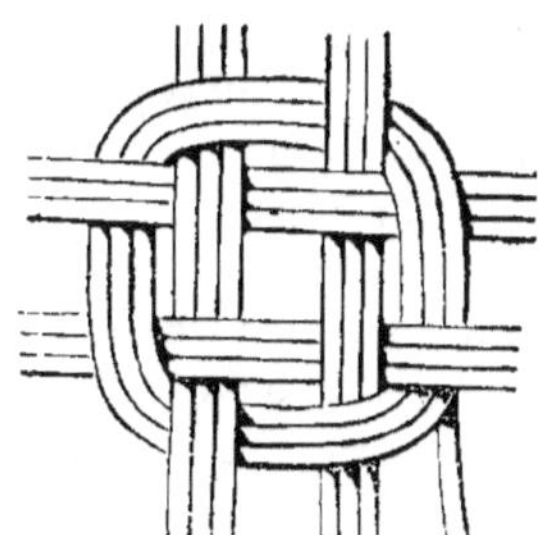

Fig. 28. — Commencement de panier par bandes.

au-dessus de B, au-dessous de C, au-dessus de D, puis en travers par-dessous de E à F, puis un nouveau tour au-dessus de C, par-dessous D, au-dessus de A ; croisez par-dessous de G à H et revenez de nouveau à G par le dessus, en dessous de B et de nouveau de F à E. Ceci termine l'attache et le brin est prêt pour passer sous le premier rayon de A et commencer la « clôture » ou tissu du panier.

Un autre commencement consiste à diviser, par exemple, douze rayons en quatre parts égales, à les disposer en carré en les entrelaçant et à enrouler le brin trois ou quatre fois avant de commencer à partager les rayons, comme l'indique la figure 28. Ce commencement est joli, mais il laisse un petit trou carré au fond du panier.

Il semble parfois difficile d'amener les rayons à se diviser uniformément, surtout quand ils sont très serrés. Il y a un moyen de surmonter cette difficulté, qui consiste à commencer le travail en prenant les rayons deux par deux au lieu de les prendre séparément. Lorsqu'on reviendra au point de départ, s'il y a un nombre impair de rayons, le second tour divisera les deux rayons qui étaient ensemble la première fois, et on verra, après quelques tours, que ce travail produit une sorte très serrée de tresse de belle apparence. Si l'on opère ainsi sur un dia-

Fig. 29. — Commencement d'un panier ovale.

mètre de 8 centimètres environ, et que l'on fasse le reste de l'ouvrage par le procédé ordinaire, un et un, l'effet produit sera très bon.

Pour un panier ovale, il faut commencer d'autre façon. Placez l'un près de l'autre trois rotins pour faire la longueur du panier, et deux traverses par-dessus. Attachez celles-ci avec un brin en diagonale, puis enroulez-le sur la longueur des rayons, de 1 à 2 centimètres ; placez une nouvelle traverse que vous attacherez ; enroulez de nouveau sur 1 ou 2 centimètres ; mettez une autre traverse, et continuez de la sorte jusqu'à ce que la longueur soit suffisante, en mettant deux traverses ensemble la dernière fois, comme au commencement. (Voir figure 29.) Le tout devra représenter à peu près la moitié de la longueur que l'on veut donner au fond du panier ; c'est-à-dire que si le panier doit mesurer 20 centimètres, la distance A B (fig. 29) doit être de 10 centimètres. Puis, nattez comme à l'ordinaire avec le brin C, en écartant les traverses des extrémités ; mais, comme le nombre pair des rotins dérange le travail, il faut, soit insérer un rotin supplémentaire à une extrémité, et le panier sera inégal, soit se servir de deux brins pour faire la « clôture », ce qui est préférable. Dans ce dernier cas, faites un tour avec un brin, et de retour au point de départ, laissez pendre le premier brin, prenez le second avec lequel vous ferez un tour, puis le premier de nouveau et ainsi de suite en alternant. Les côtés doivent être relevés exactement comme pour un panier rond ; toutefois, les paniers ovales sont beaucoup plus difficiles à façonner que les ronds, bien qu'un peu d'habitude suffise pour permettre de réussir. On peut faire des berceaux de poupées exactement comme les

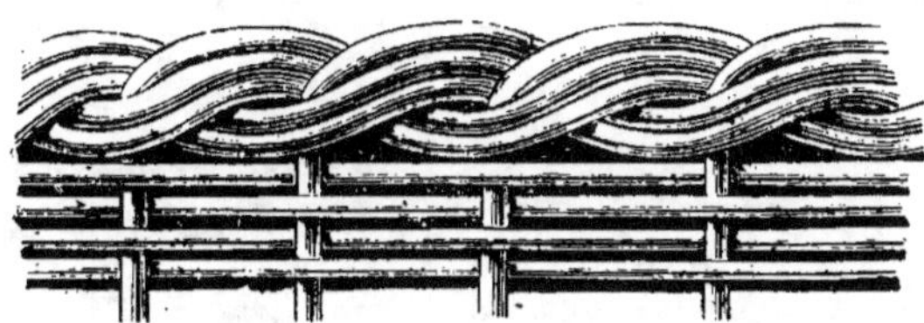

Fig. 30. — Bordure cordée terminée.

paniers ovales, en laissant les montants très longs à une extrémité, pour faire la capote.

Il y a de nombreuses manières de terminer les bords des paniers. L'une des plus pratiques est de faire une épaisse bordure cordée (fig. 30) ; les montants doivent avoir 35 centimètres de plus que le haut du panier et être très humides.

Pour la bordure cordée, commencez par n'importe quel montant A

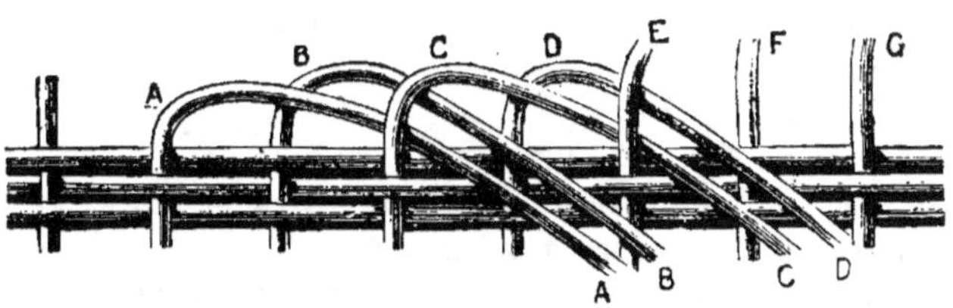

Fig. 31. — Bordure terminée : première phase.

figure 31, courbez-le vers la droite en avant de B, derrière C, puis ensuite recourbez B vers le bas. Passez C devant D, derrière E, puis repliez D vers le bas. Il y a maintenant deux paires de montants pliées. Prenez le montant le plus élevé de la paire de gauche, B, passez-le devant E, derrière F, et repliez E vers le bas. Il y a maintenant de nouveau deux paires. Prenez le montant le plus haut de la paire de gauche, comme précédemment (cette fois, ce sera D) ; répétez cette opération tout autour. D viendra en avant de F, derrière G, et F sera abaissé. En revenant au point de départ, il faudra tirer les quatre premiers montants : A, B, C et D, car le commencement n'a pas suivi, en réalité, la règle stricte, et il faudra les pousser à leur place, comme le reste et suivant le même plan, de sorte que la tresse soit la même sur tout le pourtour. Les bordures devront alors ressembler à la figure 32 et avoir toutes les extrémités des montants en dehors du panier. Pour terminer la tresse, prenez A (fig. 32) et faites-le entrer dans l'ouverture B ; prenez C et entrez-le en D et ainsi de suite tout autour, en

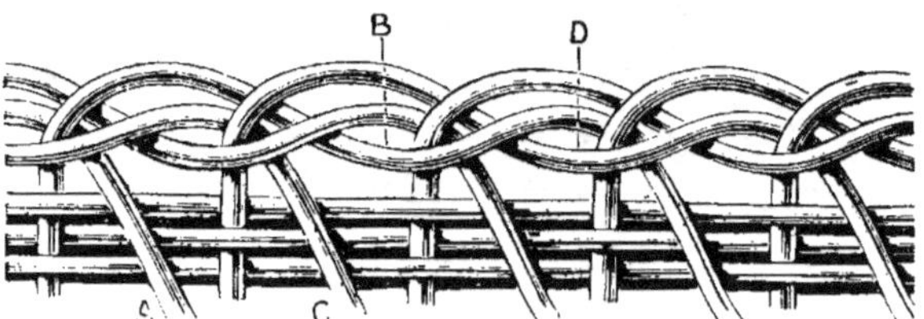

Fig. 32. — Bordure cordée : deuxième phase.

agrandissant l'ouverture, si c'est nécessaire, avec le poinçon. Tous les bouts des montants se trouveront maintenant vers l'intérieur du panier. Coupez-les, en laissant de 2 à 3 centimètres, et quand le tout est absolument sec, coupez-les au niveau de la tresse. Si vous coupez ras les montants avant qu'ils soient secs, vous pouvez être sûrs qu'ils raccourciront et ressortiront. Lorsqu'elle est faite régulièrement, cette bordure est fort jolie. Plus les montants sont serrés, meilleur est l'aspect. (Voir figure 80.)

Si l'on a besoin d'une anse, on devra la poser avant de faire la tresse. Prenez six longueurs de rotin de la même taille que les montants, insérez-en trois d'un côté d'un montant et trois de l'autre ; tressez les deux parties ensemble et insérez-les auprès du montant correspondant du côté opposé du panier. La tresse maintiendra serrées les tiges de rotin, que l'on peut, d'ailleurs, attacher si on le juge convenable.

CHAPITRE III

PANIERS CARRÉS

Lorsqu'on a réussi la vannerie en petit rotin qui est décrite dans le chapitre précédent, on peut s'essayer à faire un travail réellement pratique et utile avec de l'osier. Le panier carré que nous allons décrire a une anse arrondie au-dessus de la partie supérieure découverte.

Pour faire un panier de ce genre, il sera très utile d'examiner au préalable un modèle. Mettez l'étau (fig. 1) sur le banc à travailler dont une extrémité reposera sur le siège. Le panier doit avoir un fond de 43 centimètres de long, 28 centimètres de large et 28 centimètres de profondeur du fond jusqu'à la « lisière » qui est la terminaison de la clôture immédiatement au-dessous de la bordure supérieure. Avec les cisailles (fig. 7) coupez six tiges de 50 centimètres de long ; les 8 centimètres de supplément servent à les fixer dans l'étau et à laisser un peu de reste à l'autre extrémité où le fond est terminé. On peut se procurer ces tiges où l'on a acheté l'osier. Un vieux panier serait utile à un débutant comme modèle pour les dimensions ou le diamètre des tiges ou des baguettes, de même qu'il sert souvent, d'ailleurs, à un vieil ouvrier. A titre d'indication, nous dirons, toutefois, que les deux tiges des extrémités peuvent avoir une épaisseur de 2 centimètres à leur gros bout, et les quatre intermédiaires, environ 1 centimètre et demi. Coupez en biseau les extrémités fines des deux plus grosses tiges, et introduisez-les dans l'étau avec la batte, toujours en tenant l'arc ou côté courbé des tiges dans la direction opposée au travailleur ; cette recommandation s'applique à toutes les tiges que l'on introduit dans l'étau, car les baguettes que l'on emploie ensuite ont une tendance à relever le fond. Ces tiges seront en meilleur état si elles ont été mouillées et couvertes pendant une heure avant que l'on s'en serve ; celles qui sont trop courbées pourront alors être redressées sans se casser. Le vannier doit avoir constamment un seau plein d'eau à sa gauche, ou auprès de lui, avec une éponge. Après avoir mis dans l'étau les deux tiges des extrémités à 28 centimètres l'une de l'autre, mesure extérieure, serrez un peu l'étau pour les tenir fermement et placez à égales distances les tiges intermédiaires ; tous les gros bouts devront être coupés en biseau, et on les introduit en alternant : d'abord un gros bout, puis un bout fin, et ainsi de suite, comme le montre la figure 53. A ce moment, serrez fortement l'étau, en vous servant des poinçons pour agir sur les vis et les tourner plus facilement.

Prenez une double poignée de petits brins d'osier, mettez-les sur le plancher à votre droite et prenez deux des plus gros et des plus longs pour commencer la « clôture ». Placez l'un des gros bouts en arrière de la tige extrême à gauche, de façon que l'extrémité dépasse un peu la face interne de la troisième tige ; saisissez fortement le brin et la deuxième tige, puis, avec la main gauche, enroulez le brin autour de la tige extrême, faites-le ensuite passer derrière la deuxième tige et lâchez-le devant la troisième. Prenez ensuite le gros bout court, mettez-le par-dessus celui qui vient d'être travaillé et étendez-le derrière la troisième tige. Prenez alors le deuxième brin d'osier, placez-en le gros bout auprès du dernier gros bout, puis amenez la partie supérieure en avant de la quatrième tige ; ensuite, le premier brin par-dessus la seconde, derrière la quatrième et en avant de la cinquième tige ; puis alors, le second brin d'osier en arrière de la cinquième tige, et en avant de la sixième tige ou tige extrême ; ensuite, le premier brin derrière la sixième. Laissez-le en cet endroit pendant que vous tournerez le second brin autour de la tige et au-dessous du premier, en le tirant fortement en avant de la cinquième tige. Le premier brin est ensuite enroulé autour de la tige, derrière la cinquième, et on le laisse devant la quatrième, et le travail se continue ainsi avec les deux brins. L'ouvrier trouvera tout d'abord quelque étrangeté dans la manipulation de l'osier, mais cette impression disparaîtra rapidement ; si on saisit les brins fortement, ils plieront sans se tordre ni se casser.

La raison qui fait que l'on travaille avec deux brins à la fois pour commencer un fond est que cela empêche le nattage fait ultérieurement de se défaire quand on retire le fond terminé de l'étau. Maintenant, avec le mètre et un crayon, marquez 42 centimètres sur chacune des tiges extrêmes ; pour la largeur, prenez un petit brin droit, et, à 28 centimètres à partir du gros bout, pliez-le perpendiculairement, puis attachez le petit bout en forme de boucle pour le distinguer du reste. Il faut répéter cette opération tous les dix à quinze centimètres à mesure que le travail avance, parce que le nattage a une tendance à rapprocher les tiges extrêmes. Chaque fois que vous enroulez le brin autour des tiges extrêmes, serrez les premières tiges intermédiaires intérieures, et, avec le pouce, pressez contre celles de l'extérieur. On est obligé de procéder ainsi pour avoir un fond de bonne forme. Le côté qui fait face à l'ouvrier est appelé l'intérieur, de sorte que tous les bouts, petits et gros, des brins devront être commencés et terminés à l'extérieur, — naturellement, à l'exception d'un gros bout au début et d'un autre à la fin, qui viendront à l'intérieur.

Le fond est ainsi clos par un simple nattage, un brin à la fois. Commencez toujours un brin en mettant le gros bout derrière un nombre impair; il est bien plus facile d'enrouler un brin autour des tiges à l'extérieur vers l'ouvrier que dans la direction opposée. Imaginez-vous

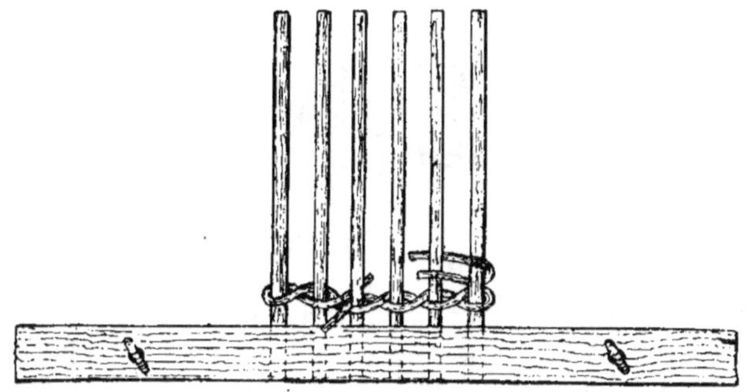

Fig. 33. — Fond de panier dans l'étau.

les bouts fins des deux brins qui ont été commencés avec le bout en arrière de la troisième tige du côté droit ; placez le gros bout du premier brin en arrière de cette même tige, devant la deuxième et autour de la tige extrême, et travaillez ainsi le brin jusqu'au bout ; ne mettez pas le brin suivant sur la même tige, mais disséminez les gros bouts en arrière de chacune des quatre tiges intérieures. A mesure que le travail avance, prenez souvent la mesure pour la largeur, car, à moins que celle-ci ne soit régulière, le panier n'aura pas une bonne forme. On resserre la clôture en la frappant avec la batte (fig. 8), entre les tiges. L'épaisseur de cette batte (9 millimètres) permet de s'en servir dans l'intervalle de toutes tiges ou baguettes que l'on aura vraisemblablement l'occasion d'employer. On ne l'utilise pas beaucoup pour faire un panier commun ; on serre suffisamment l'ouvrage avec la tranche de la main gauche qui, avec le temps, devient très dure et très épaisse, de sorte que, les brins d'osier étant rapidement introduits entre les tiges ou les baguettes, on se sert de sa main au lieu de prendre la batte et on gagne ainsi beaucoup de temps.

Lorsque le fond est clos sur une longueur de 42 centimètres, on le termine en ne travaillant qu'un seul brin long. Placez-le entre la tige extrême du côté droit et la tige voisine, de façon que le gros bout ressorte en avant des cinq autres tiges et un peu au-delà. Ramenez ensuite le bout du brin autour de la tige extrême, derrière la cinquième

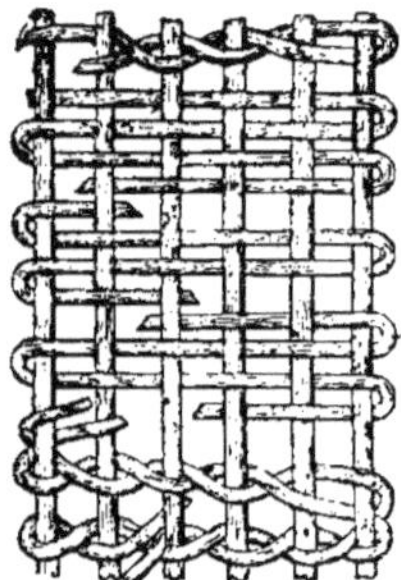

Fig. 34. — Nattage simple.

tige, puis laissez-le en avant de la quatrième, faites passer le gros bout derrière la quatrième et en avant de la troisième tige, puis, de nouveau, le petit bout par-dessus le gros, derrière la troisième tige, et laissez-le en avant de la seconde ; enfin, passez le gros bout derrière la seconde et laissez-le contre la tige extérieure. Coupez proprement les deux extrémités de façon qu'elles ne puissent glisser de la position où vous les avez laissées (voir fig. 34). Cela suffira pour empêcher le nattage de se défaire, car il faut tenir compte de la rapidité dans toutes les parties du travail de vannerie.

Ensuite, au moyen de la batte, amenez l'ouvrage, en le frappant, à la longueur de 43 centimètres, desserrez l'étau et retirez le fond. Avec le couteau, coupez soigneusement tous les bouts d'osier, petits et gros, en biais de manière à ce qu'ils puissent reposer contre les tiges sans glisser dans l'intervalle. Lorsque le fond est bien apprêté, coupez toutes les extrémités des tiges ; il sera alors prêt pour le renforçage.

Maintenant, il faut placer des baguettes dans le fond sur tous les côtés pour recevoir la clôture avec laquelle seront constitués les côtés du panier. Ces baguettes devront avoir une épaisseur égale à la moitié de celle des tiges, et être juste assez longues pour finir dans la bordure du panier. Toutes les baguettes devront être pointues à leurs extrémités ; la serpette sera employée (fig. 4) à cet effet.

L'extrémité de chaque baguette est taillée en biais, sur une longueur de 7 centimètres environ, sur l'une des faces et sur un côté ; ces deux entailles forment une pointe qui aide à enfoncer les baguettes, dans le fond. Il faudra dix-sept paires de ces baguettes, dix pour chacun des côtés, et sept pour chaque bout.

Ces paniers carrés ont bien meilleure apparence et semblent plus soignés lorsqu'ils ont des tiges d'angle de façon à bien former le coin, la clôture étant très serrée en arrière.

Pour placer les baguettes dans le fond, posez d'abord une des extrémités du banc à travailler sur le siège, placez quelque chose sous l'autre extrémité pour que le banc soit horizontal, humectez seulement les extrémités coupées des baguettes, étendez le fond sur le banc équilibré, de façon que l'un des petits côtés soit au niveau de l'un des côtés du banc, agenouillez-vous sur le fond, et commencez à enfoncer les baguettes à côté de chacune des tiges. Il faudra placer une baguette de chaque côté de la troisième tige à partir de la droite. Pour enfoncer les baguettes, on doit les serrer fortement de la main gauche au-dessus de la pointe ; servez-vous de la main droite comme d'un maillet pour les frapper ; chaque coup porté sur la main gauche fait pénétrer la baguette. Il suffit de les faire entrer jusqu'au niveau du commencement de l'entaille.

Prenez alors avec la main droite le couteau, dont vous introduirez doucement la pointe dans la baguette et jusqu'en son milieu, tout près du fond ; puis, de la main gauche, pliez-la perpendiculairement au fond. Naturellement, les baguettes doivent être bien préparées et humides pour subir cette opération ; aucune ne doit se rompre si l'osier est de bonne qualité. Si l'une vient à se casser, retirez-la avec des pinces et remplacez-la.

En pliant les baguettes, tournez légèrement le couteau de manière à ouvrir celles-ci sur un côté, mais en laissant le dessous intact.

Il est bon d'examiner un panier ainsi disposé pour bien comprendre ce travail.

Après avoir bien plié la baguette, laissez-la reprendre sa première position, et continuez, en les traitant toutes de la même manière. Comme le panier doit avoir des tiges d'angle, choisissez les baguettes les plus minces pour les placer le plus près des coins, et les plus grosses pour le milieu des petits et des grands côtés. Quand les deux

petits côtés du panier ont été ainsi garnis de baguettes, placez les
grands côtés au niveau du bord du banc et percez tout d'abord des
trous avec le gros poinçon ; tenez celui-ci de la main gauche et, avec
la batte, enfoncez-le dans le milieu de la tige à environ 1 centimètre et
demi de l'extrémité, de telle sorte que la pointe du poinçon ressorte à
l'intérieur du panier. Frappez toujours le poinçon avec le plat de la
batte ; ne vous servez pas de la tranche, parce que le manche de bois
se fendrait. Pour faciliter autant que possible le perçage, remplissez
un os creux ou un vieux morceau de corne avec une chandelle de suif,

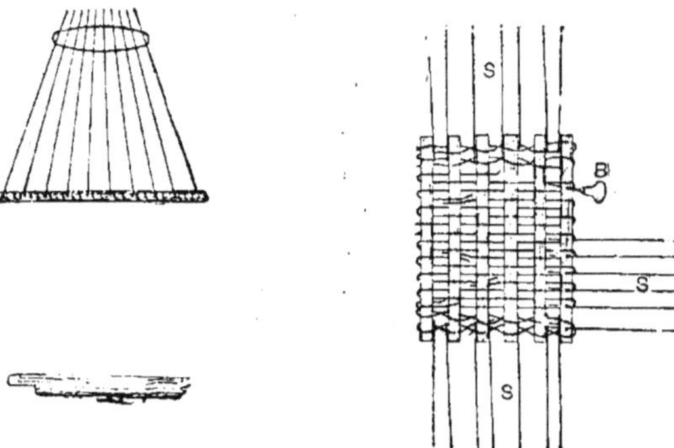

Fig. 35. — Baguettes dans le cercle.
Fig. 37. — Tige d'angle.

Fig. 36. — Pose des baguettes
sur un fond de panier.

sans enlever la mèche, qui le maintient. Si on passe la pointe du poinçon dans la graisse avant de l'enfoncer dans la tige, on pourra, en
tournant, le retirer facilement ; sinon, on pourra le faire sortir en le
frappant latéralement à diverses reprises avec la batte. Dès que le
poinçon est retiré, introduisez dans le trou une baguette pointue
humide, exactement comme précédemment. Puis, placez-en une autre
à 1 centimètre et demi de l'autre extrémité du côté. Cherchez ensuite
le milieu entre les deux côtés, et marquez-le au crayon, si vous le
désirez. A 2 centimètres de chaque côté de cette marque, enfoncez une
baguette, de telle sorte qu'il y aura un espace libre de 4 centimètres
entre elles. Trouvez de même le milieu de la distance comprise entre
l'extrémité et l'une des baguettes du milieu, mettez-en une à cet
endroit, une de chaque côté de la même baguette, et espacez-les de
telle sorte qu'elles se trouvent à deux travers de doigt l'une de l'autre,
soit environ 4 centimètres ; traitez de même l'espace restant. Les dix
baguettes seront alors placées de ce côté du fond.

Si l'ouvrier n'a qu'un petit atelier ou une petite chambre, il vaudra mieux prendre maintenant les baguettes une à une avec la main droite, et les soutenir avec le bras gauche, arrondi pour les recevoir. Prenez ensuite un petit cercle en bois un peu moins grand que le fond — on peut en faire un avec un gros brin d'osier. Il sert uniquement à maintenir les baguettes jusqu'à ce que le travail des côtés du panier ait suffisamment progressé. Placez les bouts supérieurs des baguettes dans ce cercle (voir fig. 35) et votre bras gauche sera libre ; enroulez l'un de ces bouts autour du cercle pour éviter qu'il se déplace. Le côté qui reste doit, maintenant, être garni de baguettes dont les extrémités supérieures devront être placées dans le cercle avec les autres. Le cercle devra être attaché par le bout d'une baguette comme de l'autre côté, et les deux baguettes choisies pour cela devront être symétriques l'une à l'autre, la cinquième de droite et la cinquième de gauche, par exemple. On peut plier toutes les baguettes à 1 centimètre et demi du fond, puis les y introduire de force avec la partie plate de la batte, et alors, il sera presque impossible de les retirer sans pinces. Les figures 35 et 36 aideront à comprendre ce procédé. Dans la figure 36, S indique les baguettes ; le poinçon B est représenté enfoncé pour percer la tige qui recevra les baguettes.

Coupez ensuite, pour les angles, quatre tiges, d'environ 30 centimètres de long et aussi grosses que les tiges extrêmes du fond ; veillez à ce qu'elles soient belles et droites et coupez-les à l'extrémité la plus mince, comme le représente la figure 37, jusqu'à 2 centimètres et demi environ de leur longueur de manière à former une partie plate qui reposera contre les angles.

Le « renversement » est le procédé par lequel on commence les côtés. Si le panier doit avoir une bordure au bas, on fait le renversement en travaillant alternativement trois brins d'osier, ou bien on en emploie quatre. Ayez soin, d'abord, que les baguettes soient bien droites et à leur place. Puis, prenez trois brins d'osier, de même longueur et de même grosseur, de façon que les extrémités fines puissent commencer à l'angle gauche de l'un ou de l'autre côté du fond et finir à peu près au milieu de l'autre côté. Placez maintenant le fond garni de baguettes sur le banc à travailler et posez un poids dessus ; pour cet usage, un vieux fer plat conviendra bien, mais des petits morceaux de plomb, percés d'un trou au centre, sont préférables parce qu'on peut les fixer au fond avec un petit poinçon qui les empêchera de se déplacer. L'ouvrier s'assiéra alors sur le siège, sa boîte placée derrière lui, et il commencera le renversement par la gauche de l'un des côtés. Les trois premiers brins renversés sont représentés par A, B, C de la

figure 38. Placez le brin A derrière la première baguette tout auprès
du pli ; il faut tirer un peu la baguette pour faire passer les brins serrés les uns contre les autres. Mettez B derrière la deuxième baguette
et C derrière la troisième ; puis, reprenez A, passez-le au-dessus de B
et de C, en avant des deuxième et troisième baguettes, derrière la
quatrième et laissez-le devant la cinquième. Ensuite, placez B au-dessus de C et de A derrière la cinquième baguette, et laissez-le devant la
sixième ; continuez de la sorte, en reprenant le dernier brin et en le
faisant passer au-dessus des deux autres, derrière la baguette suivante

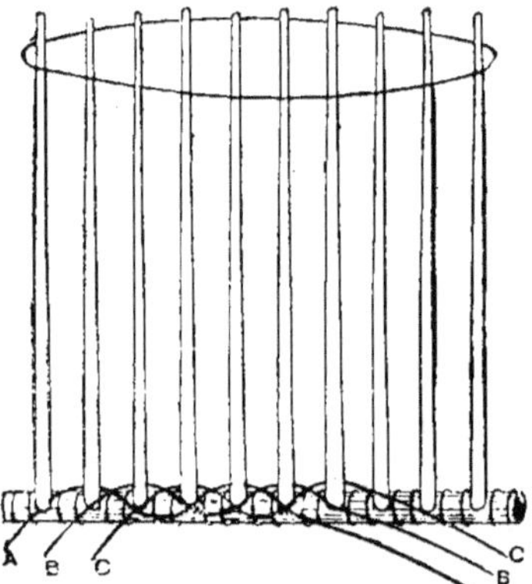

Fig. 38. — Renversement du panier.

qui est libre, puis en l'amenant en avant, tout prêt à être repris à son
tour dans l'ouvrage. Il y a lieu de remarquer que toutes les extrémités
fines des brins sont commencées et terminées du côté extérieur du
panier, tandis que les gros bouts sont tous commencés à l'intérieur,
sauf lorsqu'on les raccorde ; en pareil cas, l'un se trouvera à l'intérieur
et l'autre à l'extérieur.

Quand on arrivera aux angles, on devra placer l'une des quatre
tiges. Pour cela, prenez le brin qui a été travaillé en dernier lieu,
amenez-le en avant comme à l'ordinaire et enroulez-le fortement contre
l'angle ; placez la tige en posant l'entaille plate dessus ; maintenez-la
en cet endroit avec la main gauche, et, avec la droite, serrez fortement
le brin suivant par-dessus le côté extérieur de la tige ; maintenez-le
ainsi tandis que vous ramènerez le brin qui reste par-dessus le dernier,
en serrant, sur la tige, comme le représente la figure 39, et en arrière
de la dernière baguette au bout. Les lettres correspondent dans les
figures 38 et 39.

Ensuite, l'autre brin renversé qui est sur la tige d'angle est mis en place derrière la seconde baguette de l'extrémité ; puis, celui qui se trouve derrière la tige d'angle et sur lequel repose l'entaille plate de 2 centimètres et demi est ramené en avant derrière la troisième baguette. Continuez de la sorte exactement comme sur le côté du panier, jusqu'à ce que vous arriviez à l'angle suivant où il faut répéter la même opération.

Lorsque les gros bouts sont mis en œuvre aussi loin que possible, laissez chacun d'eux sur le devant d'une baguette en dépassant de 2 à 3 centimètres suivant le cas ; puis prenez trois autres brins de même grosseur, et raccordez-les à tour de rôle, en mettant un gros bout à

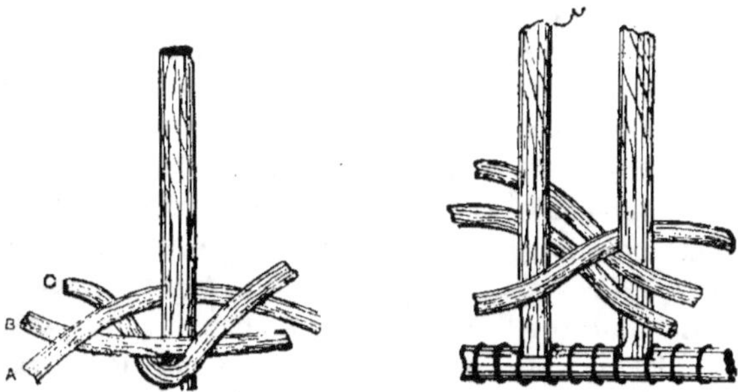

Fig. 39. — Fixage d'une tige d'angle.   Fig. 40. — Raccord dans un renversement.

côté de l'extrémité terminée, de telle sorte que l'un des bouts sortira à l'extérieur et l'autre à l'intérieur (voir fig. 40). Le renversement est ainsi continué avec ces trois nouveaux brins ; on introduit les deux autres tiges d'angle ; les extrémités fines sont terminées sur la partie de droite du côté où le renversement a été commencé. Pour donner au renversement un aspect égal et uni, on commence alors un nouveau rang, mais en mettant, cette fois, les bouts fins des brins à l'extrémité de gauche du côté opposé. On verra alors que, les gros bouts se trouvant de côté et d'autre, il y a une base solide pour les côtés du panier. Ce second rang se fait exactement comme le premier si ce n'est qu'il est commencé, raccordé et terminé dans le sens opposé. Il vaudra mieux couper de près les six gros bouts extérieurs du renversement qui, sans cela, accrocheraient et empêcheraient de tourner librement le panier.

On fait les côtés avec du nattage simple ou « clôture », pour employer le terme spécial.

Prenez trois ou quatre doubles poignées de petits brins d'osier, qui seront de différentes longueurs variant de 40 centimètres à 1 mètre ou davantage; mais, étant arrangés suivant leur taille respective, ils rempliront le but proposé. Posez les brins les plus longs à la droite du siège, et ceux de la taille suivante au-dessus, mais perpendiculairement. Continuez de la sorte, en maintenant séparée chacune des longueurs, les brins les plus longs et les plus gros étant au-dessous, les minces et les courts au dessus, tout prêts à être mis en œuvre. Placez les brins de telle sorte que leurs gros bouts soient faciles à atteindre avec la main droite pendant le travail.

La partie la plus facile et la plus agréable, le nattage des brins d'osier pris un à un autour des baguettes, doit être faite maintenant. Un bon ouvrier fait ce travail avec une grande rapidité.

Asseyez-vous sur le siège, votre ouvrage posé sur le banc à travailler qui, lui-même, repose sur vos jambes ou sur un petit bloc de bois, et commencez à la première baguette de gauche de l'un quelconque des côtés. Placez le gros bout du premier brin d'osier juste en arrière de la baguette. Prenez-le entre le premier et le deuxième doigt de la main droite, où, bien entendu, il ne doit pas être serré, de façon à pouvoir glisser. Il faut qu'il reste entre les deux doigts, sauf en cas de nécessité absolue. Le pouce et l'extrémité de l'index le font passer derrière la baguette où il est immédiatement courbé par le deuxième doigt (médius), puis amené en avant de la baguette suivante, pour être de nouveau rejeté derrière la suivante et ainsi de suite jusqu'à la fin ; il ne faut pas oublier de laisser l'extrémité fine du brin ressortir à l'extérieur du panier. Comme le brin est passé autour des baguettes, on devra tourner le panier, au moment où on arrivera aux angles, dans la direction de la main droite. Le banc à travailler devra être assez uni, l'ouvrage étant continuellement tourné en tous sens. Lorsque l'on arrive au bout du brin, on ramènera l'ouvrage au point de départ, et on placera le gros bout du deuxième brin derrière la deuxième baguette et on l'emploiera, en laissant l'extrémité en avant de la baguette suivante au-delà de laquelle le premier brin a fini (voir fig. 41). Dans cette figure, CC représentent les tiges d'angle, H l'emplacement de l'anse et S les baguettes.

L'introduction des brins est continuée de la sorte, en commençant par le gros bout et en progressant d'une baguette chaque fois, jusqu'à ce que le panier ait une profondeur d'environ 25 centimètres. Retirez du cercle deux baguettes de chaque côté des tiges d'angle. Si on enlève celles du milieu, — et cela ne devra avoir lieu que lorsque les côtés auront de 12 à 15 centimètres de hauteur — il faudra mettre des fiches en travers.

On appelle « fiches » des petits brins de la forme représentée par la figure 42 et que l'on fait glisser à côté d'une baguette dans le nattage. Il vaut mieux que le débutant ait deux de ces fiches, c'est-à-dire une en travers de chacune des extrémités du côté du panier, supposons contre la troisième baguette à partir de chaque extrémité. Ces extrémités n'ont pas souvent besoin de fiches, mais, le cas échéant, mettez-en une au milieu de bout en bout. Naturellement, le cercle gêne un peu l'ouvrier et il est bon de pouvoir s'en débarrasser le plus tôt possible ;

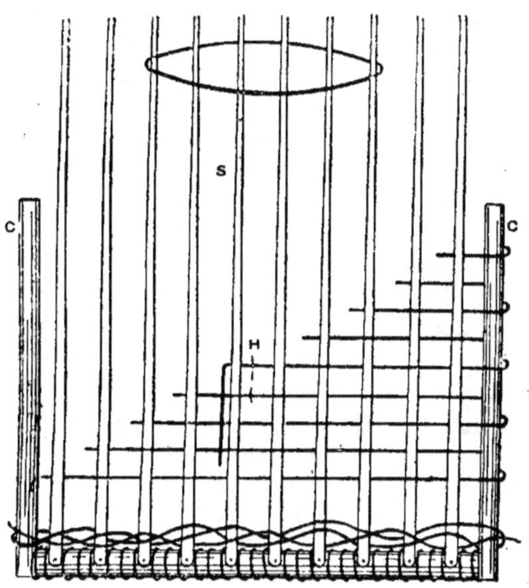

Fig. 41. — Clôture des côtés d'un panier.

toutefois, si on le retire trop tôt, on ne peut plus tenir les baguettes dans leur position verticale.

Il faut laisser un espace libre entre les deux baguettes du milieu sur toute la hauteur des deux côtés du panier dans la clôture pour faire l'anse ronde au-dessus du panier. Lorsque chacun des brins d'osier atteint cet endroit, on le passe en avant ou en arrière des deux baguettes, suivant le cas, comme si les deux n'en faisaient qu'une. Il se trouvera de la sorte un espace libre de 4 centimètres pour recevoir la tige qui constitue la forme de l'anse.

Lorsque vous arrivez à une tige d'angle, taillez en pointe le brin d'osier que vous tenez, et enfoncez-le contre le côté gauche de la tige ; courbez-le et continuez le travail ; par ce moyen, on fixe plus solidement les tiges d'angle.

Efforcez-vous de maintenir votre ouvrage dans les mesures établies au début. Si, par exemple, les tiges d'angle sur les côtés étaient à une distance de 46 centimètres (mesurée extérieurement) au commencement, ne les laissez pas s'écarter à plus de 47 cm. 5 au sommet ; le centimètre et demi de différence constituera plutôt un avantage pour l'ouvrage. La même remarque s'applique aux extrémités ; un panier rétréci du haut a mauvais aspect.

La clôture sera toujours plus élevée à un endroit qu'à un autre ; cela tient à ce que les gros bouts de brins d'osier sont plus volumineux que leurs extrémités. De sorte que, lorsque la hauteur déterminée pour la clôture est atteinte en un point quelconque, on passe quelques baguettes et on recommence à clore là où l'on n'a pas la hauteur voulue, et on égalise ainsi le niveau sur tout le tour.

Il y a lieu de mettre une bande en haut de la clôture. C'est quelque chose dans le genre du renversement, mais on travaille avec quatre brins alternativement ; on les commence à l'extrémité de gauche de l'un des côtés, chaque brin étant passé d'abord derrière deux baguettes, ensuite devant les deux suivantes, comme le représente la figure 43, où A, B, C, D sont les brins de la bande, H, l'espace réservé pour l'anse et S, les baguettes. Cette méthode de travail donne un certain fini à l'intérieur aussi bien qu'à l'extérieur, de même qu'il offre plus de place, lorsqu'on achève la bordure, pour enfoncer les extrémités des toutes dernières baguettes. Huit de ces brins suffiront pour la bande s'ils sont de grosseur moyenne. Commencez ce travail par les extrémités fines des brins, comme dans le renversement. Ne nattez pas les brins dans l'espace réservé pour l'anse, considérez toujours ces deux baguettes comme un seule. Lorsque vous arriverez aux angles, prenez le numéro 4 à partir de la tige d'angle, passez-le derrière la dernière baguette et entre la tige d'angle et la première baguette à l'extrémité du panier. Ensuite, prenez le numéro 3, placez-le derrière la tige d'angle et, en dehors, entre la première et la deuxième baguette de l'extrémité.

On maintient ensuite le numéro 2 sur la tige d'angle, cependant que le numéro 1 est ramené par-dessus et derrière la première et la deuxième baguette à l'extrémité, et laissé en avant. Le numéro 2 est alors placé en arrière des deuxième et troisième baguettes et ressort sur le devant. Le travail continue ainsi maintenant jusqu'à ce que l'on arrive à l'angle suivant, qui nécessite exactement le même traitement que le premier. Raccordez les gros bouts des brins de la bande comme

il a été fait dans le renversement ; achevez de même les extrémités
fines des quatre derniers brins à l'angle de droite du côté où la bande
a été commencée. La figure 44 indique la manière de faire la bande
aux angles, B et C correspondant ici à B et C de la figure 43.

Assurez-vous maintenant à l'aide du mètre que tout le travail est
bien au même niveau jusqu'en haut de la bande ; s'il n'y est pas, frap-
pez-le à l'endroit voulu avec la tranche de la batte, pour l'abaisser.
Puis, avec les cisailles, coupez ce qui reste des tiges d'angle, juste au
niveau du haut de la bande.

Tout aussitôt vient la bordure. Coupez d'abord quatre baguettes de
la même grosseur que celles du panier au-dessus de la bande. Percez
un trou dans le haut de chaque tige d'angle, avec le gros poinçon, et

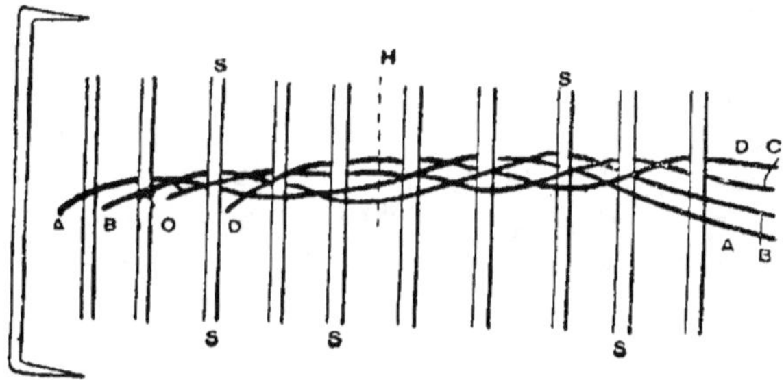

Fig. 42. — Fiche.   Fig. 43. — Travail de la « bande ».

introduisez-y ces baguettes. Si elles sont sèches, mouillez-les bien au
moyen d'une éponge, puis posez le panier sur le côté pour quelque
temps ; il est bon de recouvrir d'une étoffe humide les baguettes pour
les assouplir. Commencez à la troisième de la gauche de l'un des côtés.
Pliez perpendiculairement à l'aide de la pointe du couteau, à 1 centimètre environ de la bande, cette baguette et les trois ou quatre suivantes. A mesure que chacune est pliée, appuyez-en l'extrémité dans
la direction de la tige d'angle de droite, puis laissez-la revenir à sa
position primitive, et faites-en autant pour les autres. La baguette de
gauche de l'espace réservé pour l'anse ne doit pas être pliée ni employée à quoi que ce soit ; il faut la laisser droite.

Revenez à la troisième baguette, la première que vous avez pliée, et,
avec la main gauche, passez-la derrière les quatrième, cinquième et
sixième, et laissez-la devant la septième. Passez ensuite la quatrième
derrière les cinquième, sixième et septième, et laissez-la en avant de
la huitième. Laissez la cinquième droite, pliez la sixième derrière les

septième et huitième et laissez-la devant la neuvième ; pliez la septième derrière les huitième et neuvième, et laissez-la en avant de la dixième ; enfin, pliez la huitième derrière les neuvième et dixième et laissez-la en avant de la baguette qui est fichée dans la tige d'angle. Il y a alors cinq baguettes repliées chacune en arrière des deux suivantes, en comptant les deux baguettes réservées pour l'anse comme une seule.

Tous les paniers sans couvercle, qu'ils soient carrés, ronds ou ovales, ont meilleure apparence avec une bordure pleine, que l'on obtient en repliant toujours cinq baguettes comme précédemment.

Pour les paniers à couvercle, on n'en replie que quatre pour commencer ; comme le couvercle doit couvrir la bordure, on s'efforcera de maintenir autant que possible dans leurs limites les dimensions de celle-ci. Prenez l'extrémité de la première baguette rabaissée, la troisième à partir de l'angle, passez-la au-dessus des quatre autres, ainsi que devant les baguettes 7, 8, 9 et 10 et derrière la tige d'angle. Puis, avec la main gauche, saisissez fortement la neuvième baguette et tordez-la vivement en même temps que vous la courberez et la placerez derrière la tige d'angle à côté de l'extrémité supérieure de la troisième baguette. Ensuite, appliquez à la dixième baguette le même traitement ; vous la placerez entre les extrémités de la neuvième et de la troisième baguettes.

Il faut que ces trois extrémités soient placées exactement au même niveau l'une auprès de l'autre ; ceci ne se reproduit qu'à chaque angle.

Il faut veiller à ce que ces extrémités ne reprennent pas leur position primitive, et, pour cela, maintenir le bras droit étendu au-dessus. Tenez la quatrième baguette en avant de la tige d'angle tandis que vous prendrez la cinquième et que vous la placerez auprès de la quatrième exactement à la même hauteur ; ensuite, courbez la sixième baguette par-dessus la quatrième et la cinquième et en arrière de la première baguette du bout du panier et dehors en devant de la deuxième. Ensuite, la septième baguette devra être croisée par-dessus en avant de la sixième, en la serrant autant qu'il sera possible, et ramenée derrière la deuxième du bout et en avant de la troisième. Puis, il faut replier la tige d'angle et la placer derrière la deuxième baguette, c'est-à-dire posée à côté de la septième. Laissez toujours dépasser les extrémités en avant. Repliez alors la cinquième par-dessus la quatrième et derrière la troisième au bout ; courbez la première baguette du bout et placez-la à côté de la cinquième, en la laissant en avant de la quatrième baguette droite. Prenez maintenant la quatrième ou la

dernière à l'angle et passez-la derrière la quatrième baguette du bout ;
puis, de nouveau, repliez la deuxième baguette et placez-la à côté de la
dernière que vous avez mise en place.

La manière de faire la bordure peut sembler un peu embarrassante ;
mais, en réalité, elle est très simple, sauf aux angles. Cela revient à
ceci : on amène la dernière extrémité supérieure qui dépasse du côté
gauche en avant de quatre baguettes, et on la place derrière la cinquième baguette inemployée. Ensuite, la dernière baguette dressée,

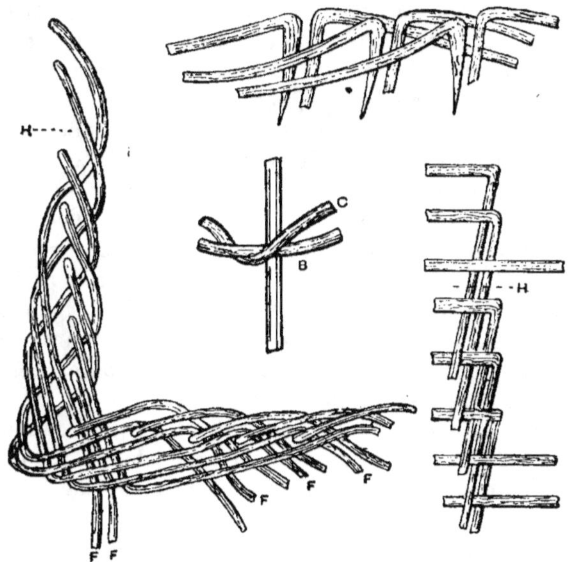

Fig. 44. — Passage de la bande autour des tiges d'angle.
Fig. 45. — Vue de côte de la bordure.   Fig. 46. — Bordure vue d'en haut.
Fig. 47. — Bourrage.

vers la gauche, est repliée et placée auprès de cette extrémité. Ces
deux actions sont répétées avec une légère différence aux angles, et,
nous l'espérons, les figures 45 et 46 feront bien comprendre la manière
d'arranger les angles. Dans l'une et l'autre de ces figures, la lettre H
représente l'espace réservé pour l'anse.

Lorsque chaque baguette est repliée et passée derrière les deux précédentes et extérieurement par devant, pour être de nouveau passée
en avant du numéro 4 et derrière la cinquième et, par l'extérieur, en
avant de la sixième, on la termine, non en continuant à la passer, mais
en la coupant ras avec toutes les autres au moyen du couteau lorsque

les angles ont été faits. La dernière baguette droite, recourbée à côté, prend sa place quand son tour vient d'être déplacée. C'est ce qui est indiqué en F (fig. 46).

La bordure pleine à l'angle (fig. 46) a été commencée ; on la continue, les trois autres angles étant faits exactement de la même manière. Lorsqu'on arrivera aux deux dernières baguettes droites, l'endroit où la bordure a été commencée aura été atteint.

La première baguette à partir de l'angle est courbée, passée derrière la deuxième, et son extrémité supérieure est introduite dans l'intervalle d'un centimètre qui existe entre la troisième et la quatrième, tirée fortement au travers, puis on la laisse en avant de la quatrième. La deuxième est alors repliée, et tirée à travers l'intervalle de 1 centimètre entre les quatrième et cinquième baguettes, et on la laisse en avant de la cinquième. Toutes les baguettes ont alors été repliées pour former la bordure. La bordure pleine a donc été faite jusqu'à l'angle de droite par le procédé dit « bourrage ». Lorsque chaque bout est ramené en avant, devant quatre baguettes, on le courbe perpendiculairement, taillé en pointe avec la serpette, et on l'enfonce à côté de la cinquième baguette (voir fig. 47). Dans le panier dont il s'agit, le bourrage finira à la dernière baguette de côté. Tirez chaque baguette pour la serrer autant que possible, car l'ouvrage paraît plus net et beaucoup mieux. Si quelques extrémités supérieures des baguettes dépassent, coupez-les net et ras.

Le panier peut alors être fini, c'est-à-dire qu'il faut couper tous les bouts et extrémités de la clôture de façon que chacun repose contre la baguette où il a été commencé et terminé. Le couteau employé à cet effet doit couper parfaitement. Il faut avoir grand soin de ne pas couper la clôture sous les gros bouts ; coupez simplement le gros bout à ras. Commencez à l'intérieur par le haut et continuez en tournant jusqu'au fond. Pour finir l'extérieur, l'ouvrier devra placer le panier entre ses jambes, les extrémités fines dirigées vers lui ; les couper toutes en biais légèrement, et les poser sur les baguettes où elles ont été terminées. L'extérieur du panier doit être absolument uni, de façon que, lorsque l'on s'en sert, les extrémités ne puissent accrocher les vêtements.

Avant de placer la tige recourbée (fig. 48) destinée à former l'anse, il faut faire la tresse de la base. Pour cela, renversez le panier le fond en dessus sur le banc à travailler et coupez quelques baguettes de la longueur et de la grosseur approximatives des plus grosses qui aient été employées dans la clôture. Quelques-unes des extrémités des baguettes les plus grosses qui ont été taillées serviront à cet effet. Coupez ces baguettes sur le côté convexe et enfoncez-les du côté

gauche de chaque baguette, et une dans chaque tige d'angle ; bien
entendu, il faut percer des trous dans ces dernières ou moyen du poinçon, de la même manière que dans la fabrication de la bordure.

Lorsque toutes les baguettes de la tresse sont en place, renversez-les
exactement comme le panier a été fait, mais seulement sur un tour —
c'est-à-dire que l'on ne se sert que de six brins renversés. Commencez
à renverser à l'extrémité de gauche de l'un des côtés ; raccordez les
trois gros bouts dans le milieu du côté opposé, et terminez les extré-

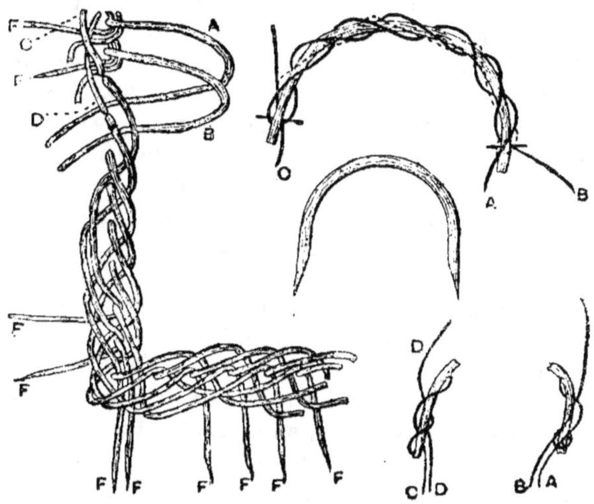

Fig. 48. — Arc pour anse de panier.   Fig. 49. — Bordure de la tresse de la base.
Fig. 50 et 51. — Recouvrage de l'anse.

mités fines de celles dont on se servit pour raccorder à l'angle de droite
du côté où le renversement a été commencé. Avec la batte, abaissez le
renversement, et commencez à poser les baguettes comme pour la bordure. Lorsque quatre baguettes ont été mises en place, revenez à la
première, passez-la devant les trois baguettes et en arrière de la quatrième et en dehors par devant ; cette baguette est alors terminée.
Placez ensuite la dernière baguette droite vers la gauche auprès de
celle qui est terminée et en dehors par devant, prête à être passée en
avant de trois autres à son tour. On répète sur tout le tour ces deux
opérations, avec une légère variante aux angles. On appelle ce genre
de bordure « deux dedans et trois dehors ». Chaque baguette est à son
tour employée de la sorte.

La figure 49 représente la bordure de la tresse de la base. A et B représentent les deux dernières baguettes droites lorsqu'elles sont tirées sous les deux premières places. C et D montrent le commencement du bourrage, et F est la fin des baguettes. On courbe un gros bâton, bien trempé, en forme d'arc, pour faire l'anse ; il devra être recouvert avec quatre gros brins d'osier tressés par-dessus. Coupez d'abord le gros bout du bâton du côté concave, comme il a été fait pour les baguettes, trempez-le dans le seau d'eau et enfoncez-le dans l'un des espaces destinés à l'anse, de façon que la pointe repose sur le renversement. Ensuite, recourbez-le soigneusement de manière à ce qu'il prenne une jolie forme arquée, comme figure 48. Certaines personnes préfèrent des anses élevées, d'autres préfèrent des anses basses ; naturellement, plus elles sont basses, plus elles sont fortes et solides. De 20 à 23 centimètres au-dessus de la bordure est une bonne hauteur pour le sommet de l'anse. Quand le bâton a été plié jusqu'à l'espace opposé, maintenez-le en dehors du panier, et tenez le mètre sur le centre du fond pour mesurer la hauteur voulue, laquelle sera d'environ 50 centimètres jusqu'à la partie la plus élevée du côté inférieur de l'arc.

Coupez alors le bâton de la longueur voulue, approximativement, en mettant les entailles des deux extrémités de l'arc du côté de l'intérieur du panier. Après que les deux extrémités ont été placées dans les espaces respectifs, on peut se servir de la batte pour enfoncer l'un ou l'autre des côtés s'il est trop haut, et on peut le tirer s'il est trop bas. Pour donner à l'anse une forme un peu carrée, appuyez fortement le genou sur la partie la plus haute et tirez prudemment d'une main l'un ou l'autre des côtés pour lui faire prendre la forme voulue, en pressant en même temps avec le genou sur la partie relevée du milieu.

Ensuite, il s'agit de recouvrir l'anse entièrement avec des brins tordus depuis le haut de l'un des espaces jusqu'à l'autre. Il faut pour cela quatre longs brins d'osier unis, pointus aux extrémités et d'une longueur suffisante pour être enfoncés dans l'espace réservé à l'anse et enroulés autour de celle-ci quatre ou cinq fois suivant leur grosseur.

On fait alors avec le poinçon un trou entre la bande et la clôture du côté gauche de l'anse, à partir de l'extérieur ; on y passe l'extrémité fine du brin tordu et on le tire de l'intérieur autant que cela est possible, puis on l'enroule de nouveau sur l'anse. Espacez les brins régulièrement, en vous rappelant qu'il y en a trois autres à placer.

On achève le brin en le poussant dans la bordure auprès de l'intérieur sur la gauche de l'anse, en laissant l'extrémité ressortir à l'intérieur. L'extrémité de chaque brin est achevée là où celui-ci a été commencé. Les brins sont tous commencés et achevés du côté gauche de l'anse sur l'un ou l'autre côté du panier.

A mesure que chacun des quatre brins est introduit dans l'espace réservé à l'anse, il doit être roulé entre les mains jusqu'à ce qu'il ressemble à une corde. Pour ce faire, il faut que le gros bout soit tout à fait ferme dans l'espace afin que le brin lui-même ne tourne pas. Commencez à l'extrémité fine avec la main droite tandis que, de la gauche, vous tenez légèrement le brin en dessous pour l'empêcher de se nouer. Comme le brin est tourné de la main droite, il se fend d'une extrémité à l'autre et prend ainsi l'apparence d'une corde. Un coup d'œil jeté sur un panier à anse aidera le lecteur à comprendre ce procédé de torsion qu'il est très difficile de décrire. Avec un peu d'habitude, c'est très vite fait : en somme, l'anse doit être facilement recouverte des quatre brins en cinq minutes. Sur la figure 50, A représente le commencement du premier brin, C celui du deuxième et B l'extrémité achevée du brin à enfoncer dans la bordure. Le commencement du troisième brin est représenté en B (fig. 51) et celui du quatrième en D. Laissez chaque brin à sa place, bien en contact avec l'anse, et enroulez les brins qui ressemblent à des cordes en serrant davantage à mesure qu'ils s'enroulent autour de l'anse. Tirez chacun des brins aussi fortement que possible. Coupez les extrémités des quatre brins de l'anse à l'intérieur du panier.

CHAPITRE IV

PANIERS RONDS

On commence les paniers ronds en plaçant une « mèche » sous les
pieds de l'ouvrier (voir fig. 52). Pour le panier rond qui nous occupe,
coupez quatre baguettes d'environ 28 centimètres de long ; écorcez
chacune d'elles le long du milieu avec le couteau, du côté convexe, de
sorte qu'une paire puisse croiser l'autre, les quatre entailles étant le

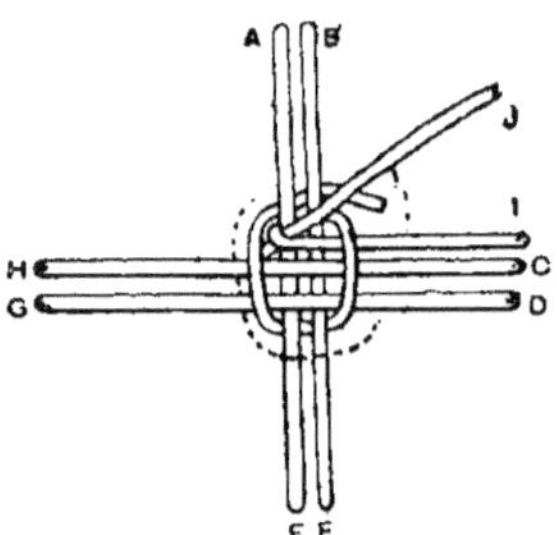

Fig. 52. — Mèche ronde.

plus élevées lorsqu'on les place sous les pieds. Prenez deux petits
brins et coupez une pointe au gros bout de l'un d'eux ; le gros bout de
l'autre devra former une demi-baguette dans la mèche, car il faut
quatre baguettes et demie pour faire le fond. Sur le banc, entre les
pieds de l'ouvrier, on devra placer l'une contre l'autre deux des baguettes, les entailles en dessus ; les deux autres doivent être placées

en travers de celles-ci, et maintenues solidement en place en posant un pied sur chacune des extrémités. Prenez le brin non taillé I (fig. 52), placez-le en dessus puis en dessous de A et de B, et de niveau avec C et D. Pliez ensuite le même brin par-dessus CD, puis dessous E et F en serrant très fortement en même temps que vous tirez un peu vers le haut E et F ; passez par-dessus G et H, puis en dessous de A et B encore une fois. Dans la partie entaillée de AB, introduisez la pointe du second brin d'attache, J ; relevez un peu AB tout en plaçant le premier brin entre AB et CD. Laissez-le reposer là en passant le second

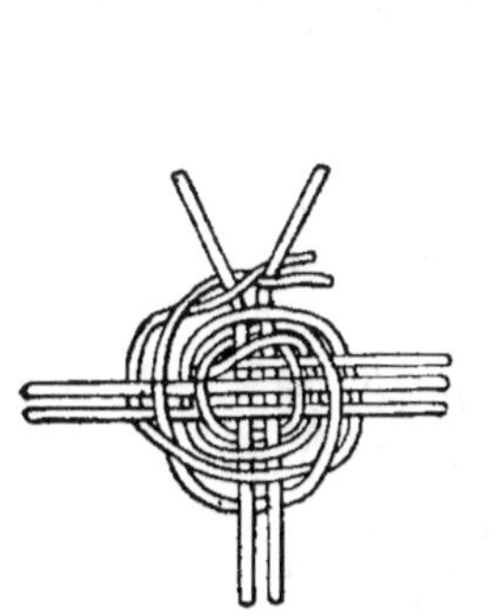

Fig. 53. — Travail des deux brins d'attache.

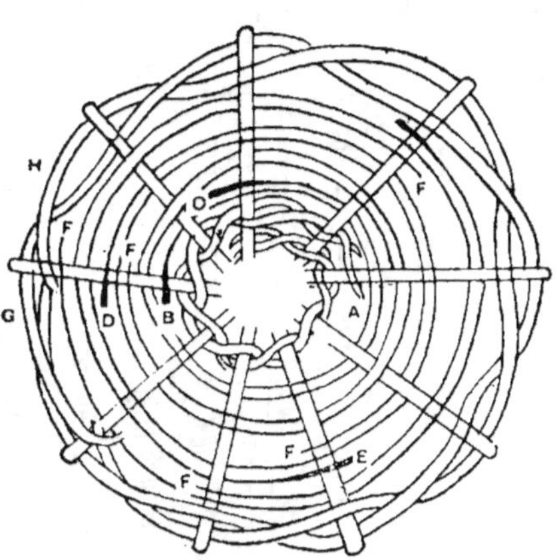

Fig. 54. — Fond de panier rond.

brin par-dessus en serrant, puis sous la demi-baguette et CD ; tournez-le par-dessus EF, sous GH, au-dessus de AB.

Puis opérez alternativement avec les deux extrémités autour de AB qui devra être ouvert par l'entrée, en son milieu, de l'extrémité du brin en arrière, puis en passant entre eux l'autre extrémité vers l'arrière. Continuez en ouvrant ainsi toutes les baguettes et en travaillant avec les deux brins. Il y aura alors neuf parties différentes pour recevoir la clôture (fig. 53 et 54). Efforcez-vous toujours d'avoir une couronne aux fonds, qu'ils soient ovales ou ronds. Cela les empêche de se défaire lorsque quelque chose de lourd est placé dans le panier terminé ; on ne peut obtenir ce résultat qu'en attachant la mèche. Faites aussitôt la clôture en travaillant deux brins ensemble. Maintenez la partie anté-rieure du pied gauche sur le fond, placez un gros bout en avant d'une baguette, puis derrière l'une de la droite, et continuez de la sorte en ajoutant un brin de temps à autre jusqu'à ce que le fond mesure

19 centimètres de diamètre; prenez alors les brins par paires en y faisant une pointe et en poussant chacun d'eux dans la clôture à la gauche de deux des baguettes, les travaillant l'un par-dessus l'autre et entre les baguettes jusqu'à ce que le fond ait 20 centimètres de diamètre. Introduisez les extrémités dans la paire et finissez le fond, en coupant les baguettes avec les cisailles. Dans la figure 54, A représente la fin des brins d'attache ; B, C, D, E sont des brins simples qui forment la clôture, et GH, les brins apairés pour la finition. F indique comment on travaille les brins.

Coupez alors huit paires et demie de baguettes comme il a été

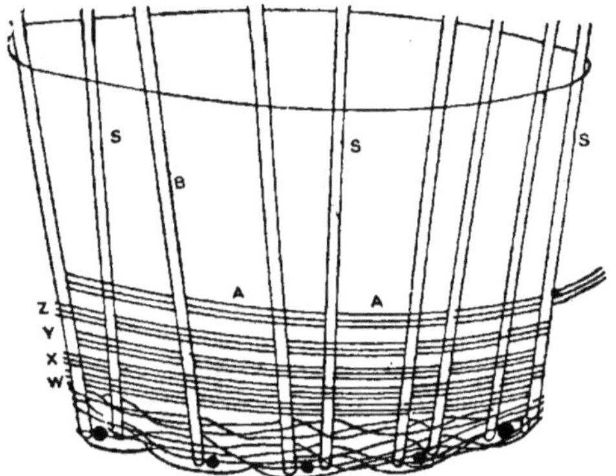

Fig. 55. — Clôture sur baguettes.

décrit à propos du panier carré, et mettez-les dans le fond, une sous chacun des côtés de huit des premières baguettes, la neuvième n'en recevant qu'une. Taillez en pointe chacune d'elles avec le couteau ; après cela, rassemblez-les et placez-les dans un cercle plusieurs fois plus grand que le fond, car ces paniers doivent avoir un accroissement de 8 centimètres aux bordures. Enfoncez les baguettes avec le plat de la batte au niveau des extrémités des premières, et renversez-les. Le meilleur moyen est de commencer avec les extrémités fines des brins à renverser; enlevez de 18 à 20 centimètres des extrémités en taillant les quatre brins, de manière à avoir un commencement plus solide. Puis, faites pénétrer l'extrémité de chacun des brins dans la clôture à côté de quatre des baguettes ; procédez comme pour le panier carré, en tournant vers la droite, et en passant chaque brin par-devant trois baguettes, derrière la quatrième, et ainsi de suite. Chaque fois que les quatre brins reviennent à leur point de départ, lâchez un gros bout ou une extrémité fine, suivant le cas, et continuez avec trois brins seulement ; chacun d'eux passera alors devant deux baguettes et derrière, et ressortira à la troisième. Raccordez les gros bouts avec trois autres brins et travaillez avec ceux-ci. Passez le petit poinçon dans la couronne du fond entre les baguettes et piquez-en la pointe dans le banc à travailler, ou servez-vous d'un poids posé sur le fond et commencez la clôture sur les baguettes, comme nous l'avons indiqué plus haut. La figure 55 représente la clôture avec une mèche de trois brins ; A indique la mèche ; B, une baguette impaire ; S, des baguettes par paire à chaque baguette du fond ; W, la mèche entière qui fait le tour complet du panier, arrivant sur le devant de la baguette à X, faisant un nouveau tour en Y, devant Z, et ainsi de suite. A partir du renver-

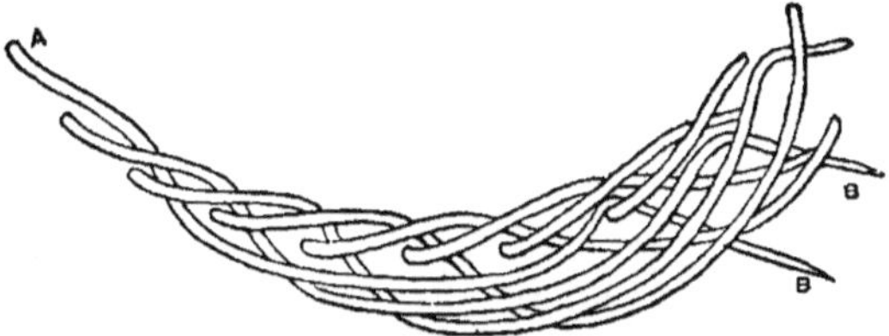

Fig. 56. — Bordure pour panier rond.

sement, il doit y avoir un accroissement graduel vers la bordure où il faut que les dimensions soient 28 centimètres de diamètre et 28 centimètres de profondeur. Une rangée de brins blancs passée vers le milieu aide à égayer l'aspect du panier. Commencez une mèche avec un brin, ajoutez-en un autre quelques baguettes plus loin, mettez un troisième encore plus loin et continuez avec cette mèche à trois brins ; comme les extrémités fines se terminent à l'extérieur, ajoutez un gros bout à l'intérieur, en tournant constamment vers la droite. Pour niveler, travaillez avec une mèche à deux brins ou à un brin, suivant les besoins, et apairez avec deux brins, en raccordant leurs gros bouts. On peut ensuite poser la bordure. Le débutant ferait peut-être mieux de préparer un endroit où insérer l'anse. Taillez en pointe deux gros morceaux de bâton et introduisez-les dans la clôture en mèches à côté de deux baguettes en face l'une de l'autre, de telle sorte que l'anse traverse exactement au-dessus du centre de l'ouverture supérieure. Bien entendu, ces bâtons devront être retirés de nouveau quand la bordure sera finie.

Pour la bordure, posez cinq baguettes et procédez comme pour le panier carré, sauf qu'il n'y a pas d'angles à prévoir. La figure 56 représente la manière de faire la bordure, A étant la première baguette posée, et BB des baguettes terminées. Après avoir achevé la bordure par le bourrage, pressez l'éponge sur les deux morceaux de bâton et retirez-les. Taillez en pointe, courbez et insérez le bâton pour constituer l'anse, donnez-lui la forme exactement comme pour un panier carré, et le panier rond est terminé.

Pour la plupart des paniers à bord blanc, on tire les brins dans toute leur longueur et on les met dans les côtés un à un ; on peut donc se servir de neuf paires de baguettes, car une supplémentaire n'est pas nécessaire comme dans la clôture par mèches. Le fond est amené à la dimension voulue au moyen du travail de deux brins à la fois, comme le représentent les brins dans la figure 53.

CHAPITRE V

PANIERS OVALES

On peut décrire un panier à linge comme exemple de panier ovale. Le fond en est commencé sous les pieds de l'ouvrier, comme pour le panier rond, en attachant un « pli ». On se sert de huit brins pour attacher convenablement à la fois les petits et les grands plis, qui ne diffèrent que par la longueur et la grosseur.

Le pli est généralement posé sur la moitié de la longueur du fond terminé, c'est-à-dire entre deux points opposés des deux premiers brins d'attache qui aient été enroulés. Dans les fonds, qui ont jusqu'à 35 centimètres, on se sert de trois rangées de bâtons de fond ; pour les plus grandes tailles, il en faut quatre, et des bâtons plus gros. Pour un fond de 35 centimètres, coupez sept bâtons d'une longueur d'environ 30 centimètres ; rabotez-les un peu le long du milieu, comme il a été fait pour les bâtons du panier rond ; coupez également un morceau de brin d'osier de 20 centimètres de long pour diviser les huit brins d'attache. Ce dernier morceau n'est nécessaire que dans le pli à trois rangées.

Posez les bâtons et les huit brins d'attache sur le banc à travailler, à portée de la main. Prenez quatre des brins et placez-en les gros bouts sous le pied droit, bien alignés (voir fig. 57). A 12 centimètres environ des extrémités, relevez A et C ; mettez deux des bâtons entre ces deux et entre B et D ; lâchez A et C et relevez B et D ; posez entre B et D et A et C trois bâtons à 7 centimètres environ des deux premiers ; lâchez B et D, en reprenant A et C et en posant les deux derniers bâtons de telle sorte que les trois rangées soient dans un espace de

18 centimètres. Prenez alors le morceau de 20 centimètres et placez-le de façon qu'il repose sous les trois bâtons du milieu, ses extrémités étant placées au-dessus des deux rangées extérieures de bâtons où, enfin, on les coupe net comme il est indiqué en H de la figure 57.

On met ensuite en œuvre les quatre autres brins, un à la fois, entre

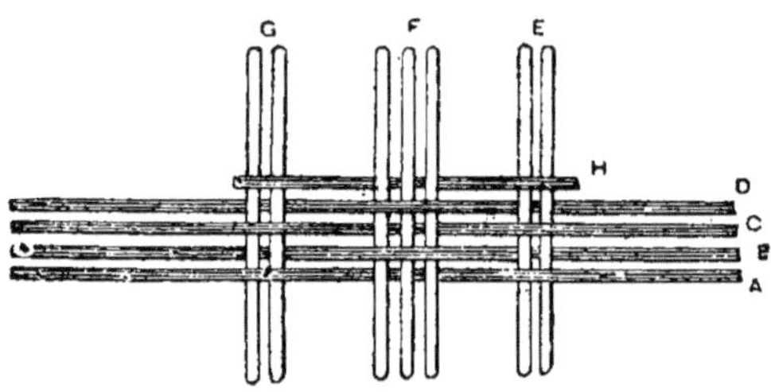

Fig. 57. — Pli ovale.

les bâtons E, F, G, les gros bouts dans la position opposée aux quatre premiers, comme on le voit en I, J, K, L (fig. 58). Serrez les brins autant qu'il est possible en les frappant entre les bâtons avec la batte.

Tenez fermement les pieds sur l'extrémité de droite et du côté où vous avez commencé, relevez D, passez-le en serrant fort par-dessus

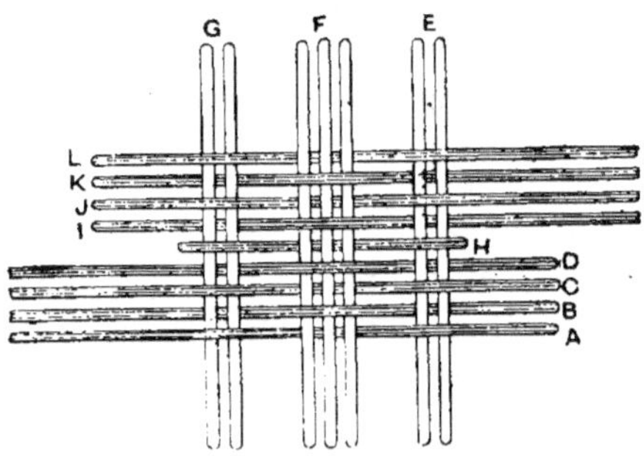

Fig. 58. — Brins du pli en place.

I, J, K, L, puis sous les deux bâtons G, par-dessus F, sous E; laissez chacun dépasser comme l'indique le dessin.

Maintenant, tirez I à côté de J, puis K entre J et L ; tandis que vous tiendrez I et K, passez C sous I, J, K, L, par-dessus G, sous F et par-dessus E. B et A sont ouvrés comme D et C. N'oubliez pas de tirer un peu les bâtons chaque fois qu'un brin passe en dessous d'eux ; ceci a pour but de donner un couronnement au fond (voir fig. 59). Tous les brins d'attache ressortiront maintenant à une extrémité du pli ; retournez-le et resserrez A, B, C, D avec un marteau. Puis, travaillez avec I, J, K, L autour de cette extrémité, exactement comme il a été fait pour l'autre. En tirant vers la gauche les quatre gros bouts, tandis que vous les fixez en tournant, vous les alignez aussi bien que possible. Avant d'ouvrir les bâtons, il faut travailler DC et IJ de la même manière que les deux premiers à chaque extrémité. Après cela, les extrémités fines des brins d'attache sont tournées par paires, et introduites entre ces bâtons qui ont besoin d'être ouverts. Il vaudra peut-être

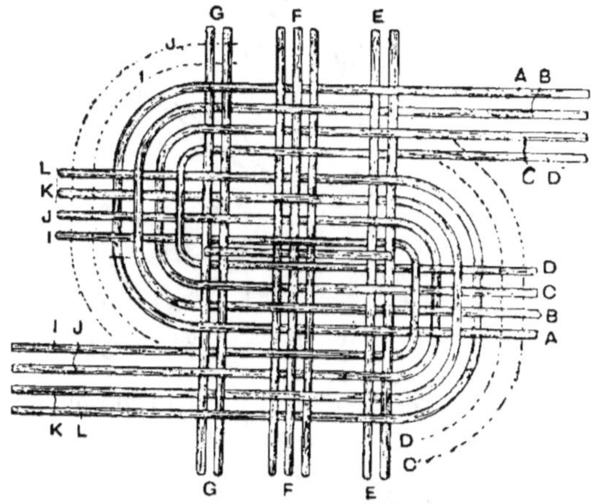

Fig. 59. — Attache du pli.

mieux commencer par les bâtons des extrémités. Ces quatre, soit A, B, C, D, doivent être divisés en trois parties distinctes pour recevoir les paires et enfin les baguettes ; tirez D vers la gauche, introduisez A et B entre D et C, poussez A vers la droite, en travaillant de nouveau avec les extrémités fines de A et de B entre les gros bouts A et B ; les gros bouts C et B ne sont pas divisés à l'une ni à l'autre des extrémités. Ouvrez les bâtons F, en laissant les F sans les diviser. Puis, traitez exactement de même I, J, K, L ; avec LK, ouvrez G ; ensuite, ouvrez E avec I et J, et continuez le tour jusqu'aux autres extrémités fines ; C et D devront être travaillés de nouveau par suite de l'ouverture des G de ce côté du pli. Le nombre voulu de bâtons est alors ouvert ; les extrémités fines sont simplement apairées au-dessous et au-dessus l'une de l'autre entre les bâtons et sont terminées de la sorte.

4

Lorsque les extrémités fines de la dernière paire de brins d'attache auront été travaillées, il faudra tailler en pointe une bonne poignée de brins, à leur gros bout, les pointes étant taillées en sens inverse de celles des baguettes. Tirez-les ensuite dans la longueur en employant d'abord les plus minces et les plus courts, une paire à la fois. Il y a plusieurs manières de faire la clôture, mais la suivante est à recommander. Mouillez toutes les pointes de la première longueur, prenez-en une paire, et, en mettant le pied gauche sur le pli, introduisez les brins pointus à la gauche des deux premières baguettes qui aient constitué les rangées, c'est-à-dire E (fig. 59) d'un côté du pli, et G de l'autre ; le

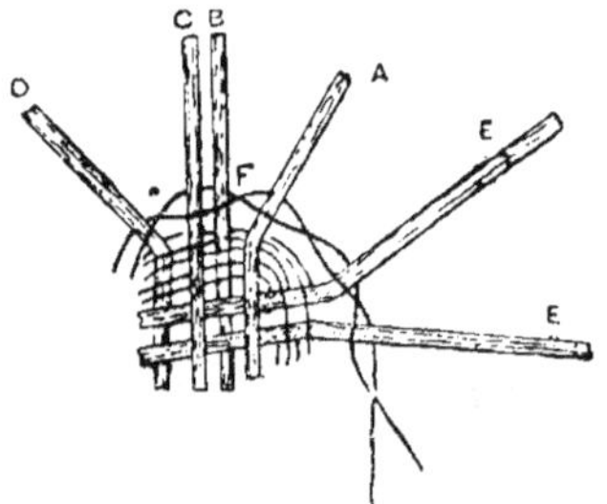

Fig. 60. — Ouverture des bâtons du fond.

pied tient solidement le pli du côté opposé à celui où les brins sont introduits. Courbez ensuite, d'abord un brin en avant du bâton, derrière le suivant et devant les trois de la rangée médiane ; laissez-le à cet endroit tandis que vous traiterez de même le second brin ; travaillez-les ainsi au-dessus et au-dessous l'un de l'autre. Commencez la paire suivante à la gauche de F et E ou G, selon le cas, et continuez de la sorte à l'un ou l'autre des côtés jusqu'à ce que le fond ait une longueur de 35 centimètres. Quand un pli est posé à moitié de la longueur du fond terminé, l'ouvrier ne prend pas la peine de mesurer la largeur ; tout est proportionné dans chaque sens. En posant le pli plus court ou plus long, on obtient aisément un fond plus large ou plus étroit dans un but spécial.

Terminez le fond en poussant les extrémités de la dernière paire vers l'intérieur, puis extérieurement, coupez les extrémités des brins et des bâtons avec les cisailles, en les maintenant sous le pied. La figure 60 illustre la méthode d'ouverture des bâtons du fond ; les lettres correspondent avec celles de la figure 59.

On peut maintenant couper des baguettes pour le fond, comme pour le panier rond décrit plus haut. Il en faut seize paires pour un panier à bord ; pour un panier à mèche, arrangez-vous de manière à avoir un nombre impair, soit seize paires et demie en mettant l'impair à l'endroit où deux des bâtons sont plus rapprochés l'un de l'autre. Humectez les pointes des baguettes, appuyez avec un pied sur le fond et introduisez les baguettes — une paire pour chaque bâton d'un côté du bâton. Bien entendu, les trois bâtons du milieu de chacun des côtés et la paire de chaque extrémité ne sont comptés que comme de simples bâtons. Après que toutes les baguettes auront été introduites, tournez le tout sens dessus dessous et enfoncez doucement le fond sur le banc ; posez légèrement le pied droit sur le fond et relevez chacune des ba-

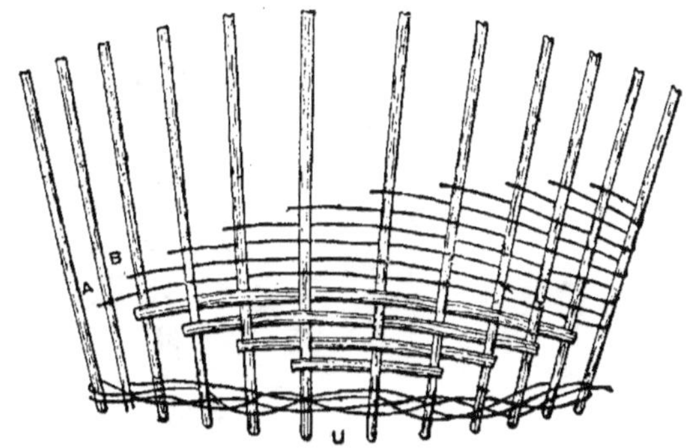

Fig. 61. — Formation des côtés d'un panier à linge ovale.

guettes à son tour ; placez ensuite celles-ci dans un grand cercle. Puis, asseyez-vous sur le banc et enfoncez les baguettes serrées en vous servant de la batte pour frapper sur la partie courbée des baguettes.

Commencez à renverser avec les extrémités fines de quatre brins, à la courbure de gauche de l'un des côtés (le fond est étalé devant le travailleur), en introduisant dans l'entaille des extrémités fines à côté de quatre baguettes. Faites passer les brins par-devant trois baguettes et en arrière en dehors de la quatrième. Si les brins sont courts, il faudra les laisser sans les terminer à la courbure de l'autre côté du fond, tandis que l'on introduit quatre autres brins, exactement comme sur le premier côté, et on les fera tourner dans la clôture jusqu'aux premières extrémités fines, où on en laisse un, pour en travailler trois sur les quatre premiers, à l'extérieur de deux baguettes et à l'intérieur d'une baguette. Si les quatre premiers brins sont suffisamment longs pour faire le tour du fond et être repliés par-dessus leurs propres extrémités fines, cela sera beaucoup plus commode.

Les gros bouts des deux lots de brins, ou du seul qui aura été employé, selon le cas, devront être raccordés avec trois autres brins par les côtés et engagés dans la clôture. On peut, si on le préfère, mettre encore une rangée de renversement par-dessus celle-ci ; il est toujours bon d'avoir une bonne base de renversement dans un panier quel qu'il soit.

Coupez ras tous les gros bouts formant saillie, puis préparez le bord en tirant quelques petits brins dans leur longueur. Tirez les baguettes des deux extrémités du fond hors du cercle, en en laissant seulement quelques-unes d'un côté, car ces paniers doivent augmenter d'au moins 20 centimètres à la partie supérieure, d'une extrémité à l'autre. Passez

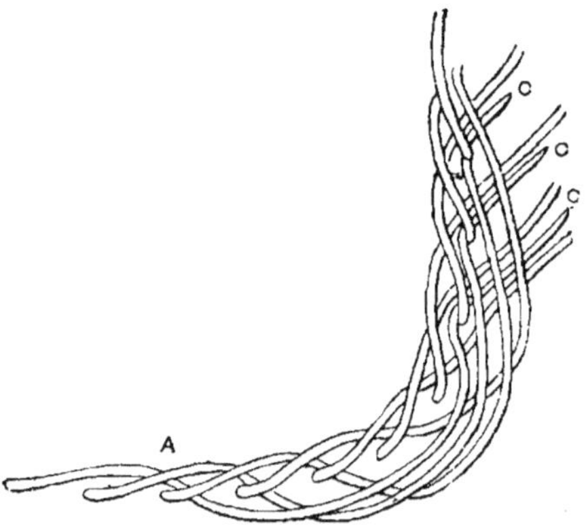

Fig. 62. — Bordure d'un panier à linge ovale.

dans la clôture quelques morceaux courts, des deux côtés, d'abord pour les relever un peu ; travaillez-les comme le montre la figure 61, dans laquelle on remarquera que les gros bouts, de même que les extrémités fines, sont laissés en saillie sur l'extérieur, parce qu'il faut que l'intérieur du panier soit aussi uni que possible.

Après avoir introduit quatre ou cinq morceaux courts, des deux côtés du panier, commencez à faire le bord en plaçant le premier brin comme l'indique A dans la figure 61, et en le tressant ; retournez votre ouvrage et introduisez B, et ainsi de suite, en tournant vers la droite jusqu'à ce que vous ayez atteint la hauteur voulue, soit 18 centimètres aux extrémités, tandis que la mesure doit être 55 centimètres en travers, d'une extrémité à l'autre. Relevez les côtés d'environ 5 centimètres en introduisant quelques brins dans la clôture de chacun des

côtés jusqu'à ce qu'ils soient d'égale hauteur ; et on peut alors faire
tout autour une bande de trois ou de quatre brins si on le préfère, en
commençant d'un côté et en raccordant les gros bouts sur le côté
opposé. Si on emploie trois brins pour la bande, on devra les travailler
alternativement en dedans de deux baguettes et en dehors d'une ; si
l'on en emploie quatre, le moyen est d'en passer deux en dedans et
deux en dehors ; bien entendu, cela donne un meilleur fini des deux
côtés de la clôture. Les quatre brins de la bande qui sont raccordés
sont mis en œuvre de suite, recouvrant les extrémités fines des quatre
premiers.

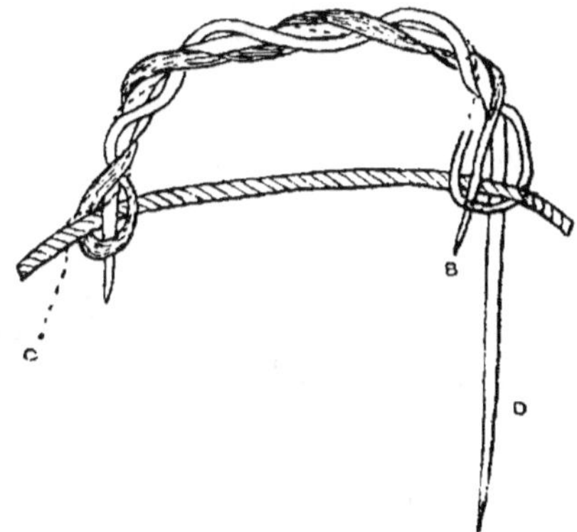

Fig. 63. — Anse de panier à linge ovale.

On commence la bordure à la gauche (A, fig. 62) en posant cinq
brins et en travaillant chacun d'eux par-devant quatre baguettes et
derrière deux, comme nous l'avons décrit à propos du panier carré,
dans le chapitre III et du panier rond dans le chapitre IV. Les trois premières baguettes terminées sont représentées en C. Lorsque la bordure a été achevée au moyen du bourrage, on peut arranger soigneusement les bouts et extrémités avec la serpette, en tenant le panier en
biais entre les genoux.

On doit mettre deux anses, une à chaque extrémité ; à cet effet, coupez quatre brins, appuyez sur le panier avec un pied et introduisez
deux des brins par le haut de la bordure à côté d'une baguette et à un
intervalle de trois ou quatre baguettes environ, ou assez loin pour
permettre à la main de passer. Courbez le brin de gauche A (fig. 63) et
passez-en l'extrémité sous la bordure, par l'extérieur, du côté droit du
deuxième brin B et tirez-le à l'intérieur du panier, laissant à l'extérieur
juste ce qu'il faut pour former l'anse, sur laquelle on replie l'autre brin

et l'extrémité du premier. Tordez le deuxième brin à la façon d'une corde, repliez-le trois fois sur l'anse, et puis sous la bordure, du côté droit ; tirez pour le faire traverser, repliez-le par-dessus pour la troisième fois, et laissez-le pendre à l'extérieur de la bordure. Ensuite, tordez le brin de l'anse qui a traversé en premier lieu et repliez-le au-

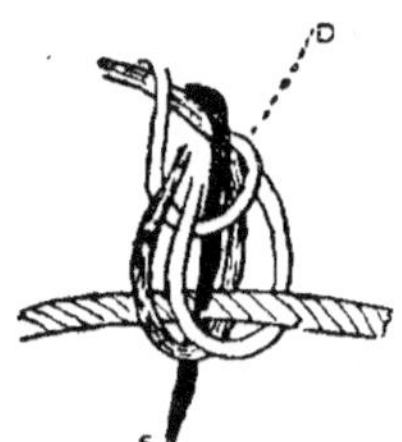

Fig. 64. — Pliage du brin de l'anse.

tour de l'anse à côté du deuxième brin ; on le fait passer trois fois en travers de l'anse (trois plis chaque fois, bien entendu) et puis on l'introduit entre les deux brins et son gros bout, à l'endroit où ils traversent la bordure, extérieurement ; les deux extrémités sont fortement tirées vers le bas et coupées ras. La figure 63 explique la manière de travailler l'anse, et la figure 64 montre comment on plie en arrière le brin D (fig. 63) au second tour en travers de l'anse.

CHAPITRE VI

PANIERS PLATS

Les vanniers font généralement ces paniers pendant l'hiver. N'importe quels brins d'osier brun, grossier, peuvent être employés pour faire les fonds de ces paniers plats ; mais il faut les rendre flexibles en les trempant dans l'eau, comme il a été dit plus haut, dans le chapitre I.

Commencez par couper huit bâtons ; il va sans dire que les bruns sont meilleur marché que tous les autres. La longueur doit être environ 43 centimètres ; choisissez les deux plus gros bâtons pour l'extérieur et mettez-les dans l'étau à 49 centimètres l'un de l'autre, mesurés extérieurement ; introduisez les autres comme il a été dit à propos des paniers carrés (voir fig. 33). Commencez et terminez le fond de la même manière, en vous servant des brins les plus grossiers dans la clôture. Lorsque le fond est terminé, retirez-le de l'étau et finissez-le soigneusement à l'aide du couteau. Si on a besoin d'un grand nombre de ces paniers, il vaut bien mieux faire de suite une ou deux douzaines de fonds ; on peut alors attacher ce qui reste de la clôture, de manière à dégager pour assortir et couper les baguettes. Pour les côtés, il faudra introduire neuf baguettes dans la clôture auprès des bâtons ; et dans les petits côtés, sept, qui seront enfoncés dans les bâtons où l'on aura fait des trous avec le poinçon. Placez aux angles les huit baguettes les plus grosses.

Lorsque toutes les baguettes sont placées et redressées, mettez-les dans un cercle et commencez le renversement. On emploie habituellement tout d'abord huit brins d'osier blanc, car ceux-ci relèvent la couleur brun foncé du panier. Taillez en pointe les huit brins avec la serpette et faites une ouverture avec le poinçon à la gauche de la première baguette à l'extrémité gauche de l'un des côtés de 49 centimètres du fond. Enfoncez-y un brin pointu pour le renversement, un dans la clôture auprès de la première baguette du côté ; un autre à la gauche de la deuxième baguette, et un quatrième à la gauche de la troisième. Les paniers plats n'ayant pas de tresse à la base, ce procédé de commencement est préférable, car les gros bouts supportent mieux le poids. Pour renverser avec quatre brins, le travailleur est obligé de s'asseoir plus haut, ayant le bord de son ouvrage entre les genoux, car

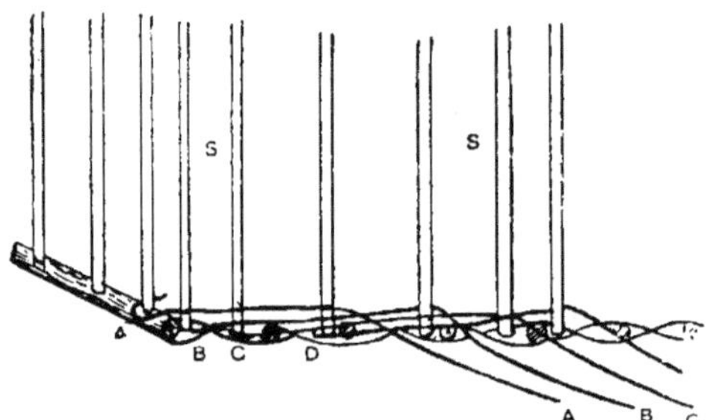

Fig. 65. — Commencement de panier plat.

le renversement doit être tiré aussi fortement que possible dans la courbure de chaque baguette, de façon que le bord de la clôture soit couvert. Courbez ensuite le premier brin du renversement en serrant autour de l'angle en avant des deux baguettes d'angle, et aussi en avant de la deuxième du côté ; placez-le derrière la troisième, tout auprès de la courbure, et laissez le en avant de la quatrième. On courbe alors le deuxième brin, on le place en arrière de la quatrième baguette, et extérieurement par devant. Continuez de la sorte, prenant le dernier sur la gauche, le passant en avant de trois baguettes, derrière la quatrième et en dehors devant la cinquième, prêt à être passé ensuite à son tour (voir fig. 65, dans laquelle A, B, C, D sont les brins renversés, et S, les baguettes). Lorsque l'angle de gauche du côté opposé est atteint par le travail en cours, introduisez les quatre autres brins du renversement exactement comme l'ont été les quatre premiers ; il faut laisser les extrémités fines des quatre premiers au bout jusqu'à ce que les quatre suivants aient été amenés le long du côté, et à ce moment, on peut s'occuper des premiers. L'extrémité fine qui, la première, atteint le premier brin renversé se finit ici,

tandis que l'on continue avec les trois autres autour de l'angle et le
long du côté, en avant de deux baguettes et derrière la troisième, alternativement. Terminez de la même manière le second lot d'extrémités
fines ; placez l'ouvrage sur le banc, et mettez un tour de renversement de plus sur le premier, en commençant de l'un des côtés avec les
extrémités fines de trois brins ; raccordez avec trois autres du côté
opposé et travaillez avec ceux-ci. On peut alors continuer la clôture.
Celle-ci devra être tirée dans les différents sens, comme il a été dit au
chapitre III. Commencez par placer le gros bout du premier brin pour
la clôture derrière la première baguette de la gauche de l'un des deux
côtés, et travaillez avec lui ; placez le gros bout du deuxième brin derrière la deuxième baguette, et ainsi de suite, en travaillant de gauche

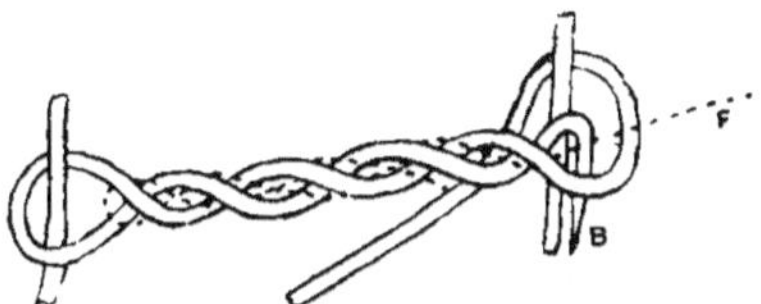

Fig. 66. — Anse de panier plat.

à droite jusqu'à ce que la hauteur de 20 centimètres ait été atteinte sur
tous les points, mesure prise à l'extérieur.

Il y a maintenant lieu de faire deux anses, une à chaque extrémité.
On emploie pour chacune un brin plutôt raide ; introduisez dans la
clôture le gros bout apointé de ce brin, à côté et à droite de la troisième baguette à partir du côté droit. Tordez le brin d'un bout à l'autre
pour lui donner l'apparence d'une corde : enfoncez-en ensuite l'extrémité fine à environ 4 centimètres du haut, dans la clôture, à la gauche
de la cinquième baguette, et tirez-la au travers, de l'intérieur, en laissant suffisamment à l'extérieur pour former une demi-circonférence.
Amenez l'extrémité fine par-dessus la clôture sur la droite de la même
baguette ; tordez-la par-dessus la demi-circonférence, trois fois, faites-
la passer au travers de la clôture à la droite de la troisième baguette,
et amenez la clôture jusqu'à sa gauche. Tordez-la maintenant dans sa
propre place le long de la demi-circonférence, poussez-la entre les
brins en avant de la cinquième baguette, travaillez-la de nouveau en
sens inverse, et finissez-la dans la clôture à la troisième baguette (voir
fig. 66, dans laquelle B représente le commencement, et F, la fin). Une
autre manière de faire l'anse, employée pour les paniers blancs plats
et les grands paniers de bonne qualité, consiste à se servir de deux

brins, en poussant un vers le bas à la droite de la troisième baguette,
l'autre, à la gauche de la cinquième. Courbez l'un vers la droite en bas
et poussez-le à travers la clôture à la gauche de la cinquième baguette,
et du gros bout pointu du second brin de l'anse ; tirez-le au travers de
la clôture, en laissant suffisamment à l'extérieur pour former une
demi-circonférence. Ensuite, tordez en forme de cor de le second brin,
repliez-le par-dessus la courbe du premier, trois fois, puis passez-le à

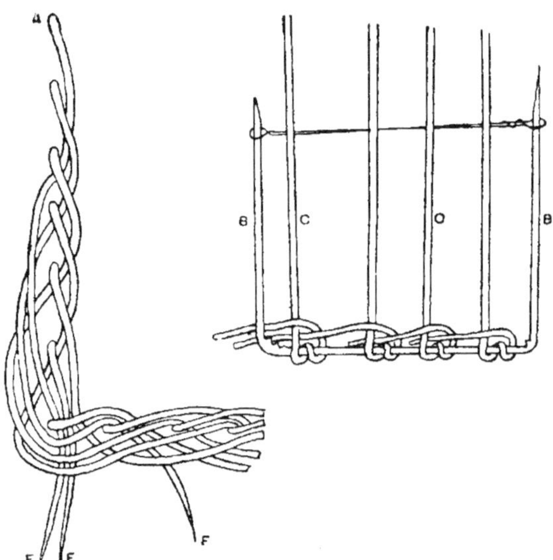

Fig. 67. — Bordure d'un angle de panier plat.
Fig. 68. — Courbe et joints.

travers la clôture, par-dessus celle-ci, puis, en retournant, de nouveau
à la cinquième baguette, encore une fois — la troisième — en arrière,
et finissez-en l'extrémité fine dans la clôture à la troisième baguette.

L'extrémité fine du premier brin, qui a été laissée posée intérieurement en travers du panier, est alors tordue et repliée par-dessus la
courbure de l'anse trois fois à travers la clôture, par-dessus, en arrière
de nouveau la deuxième fois, l'extrémité fine étant poussée dans l'espace libre en avant de la cinquième baguette ; on la ramène alors en
arrière pour la troisième fois, et on la finit où l'a été la première. Il
doit être entendu que chaque fois que l'on pousse un brin de l'anse
dans la clôture, de l'un des côtés d'une baguette, il croise la baguette
en arrière et revient en avant de l'autre côté de la même baguette. La

raison en est évidente. Lorsque les anses sont finies, s'il arrive que l'un des côtés du panier ait meilleure apparence que l'autre, choisissez-le pour le devant du panier.

Puis, avec deux brins, et en commençant avec leurs extrémités fines à la gauche du côté dont on veut faire le derrière du panier, commencez à apairer. Placez la première extrémité fine derrière la deuxième baguette, l'extrême pointe reposant extérieurement de la première baguette, la partie longue ressortant en avant de la troisième. Placez le second brin derrière la troisième, l'extrême pointe en avant de la deuxième baguette et la partie longue devant la quatrième ; travaillez

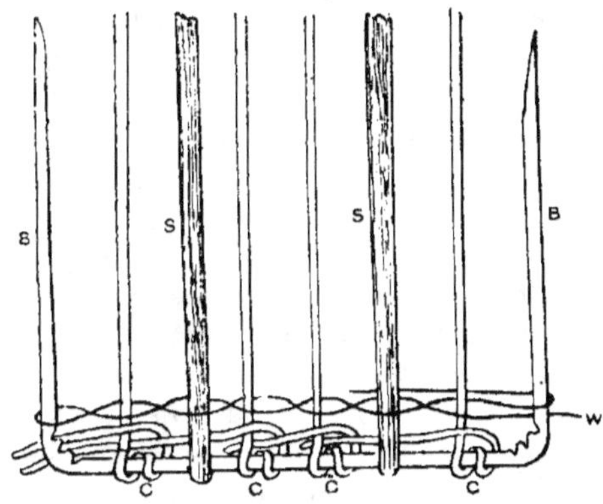

Fig. 69. — Commencement de couvercle de panier.

maintenant avec les deux brins alternativement, l'un par-dessus l'autre, derrière une baguette chaque fois, et en dehors par devant. Raccordez les gros bouts sur le côté de devant et tournez avec les extrémités fines des brins de raccord, en finissant sur celles des deux premiers.

La bordure se fait en couchant les troisième, quatrième, cinquième et sixième baguettes du côté où l'on a commencé à apairer. Ensuite, passez la troisième devant trois baguettes et derrière la dernière de ce côté ; couchez les septième et huitième auprès de la troisième, amenez la quatrième en avant des septième, huitième et neuvième, et derrière la première du bout ou petit côté ; posez la dernière du côté auprès de la quatrième. Mettez la cinquième devant les deux dernières du côté et la première du petit côté, et derrière la deuxième, puis la sixième devant la dernière du côté, les première et deuxième du petit côté, et, derrière la troisième, couchez la première baguette du petit côté, auprès de la sixième, et faites de même à chaque angle. La figure 67 ren-

dra l'explication plus claire. A représente la première baguette cou-
chée et F montre celles qui sont finies. Après avoir terminé la bordure
par le bourrage, arrangez le panier à l'intérieur et à l'extérieur, puis
formez une courbe pour faire le couvercle. On peut prendre pour cela
un long bâton, ou deux courts ; cette seconde manière sera peut-être
la meilleure pour un débutant. Placez le panier de façon que le côté
qui sera le devant se trouve à votre droite. Posez le gros bout d'un
bâton le long de la bordure de devant ; à l'angle de droite le plus rap-
proché de vous, faites trois encoches pour faciliter la courbure en
forme d'angle (tenez la courbe près du bord extérieur de la bordure) ;
taillez trois autres encoches à l'angle de gauche, puis faites prendre à
la courbe la forme du panier. Attachez une fiche (fig. 42) en travers,
maintenant la courbe exactement de la largeur du panier mesurée à
l'extérieur de la bordure. Coupez ensuite deux forts bâtons un peu
plus longs que le panier mesuré extérieurement ; de très gros bâtons
fendus en deux sont ce qu'il y a de mieux pour cela ; la partie plate
devra être placée contre l'intérieur du panier. Presque n'importe quelle
espèce de bois fera l'affaire ; la résistance du couvercle dépend principalement de ces deux bâtons. Coupez maintenant quatre joints que
vous enroulerez autour de la courbe comme le montrent les figures 68
et 69. Insérez ensuite les deux bâtons (S, fig. 69) en posant leur extrémité sur la courbe B. Prenez un long brin à tresser W, et enfoncez
suffisamment de son gros bout entre l'angle gauche de la courbe et
le premier joint C pour le replier autour du bâton et le faire ressortir en travers de la largeur de la courbe. Recourbez-le en le serrant autour de la courbe, en arrière du premier joint et extérieurement en avant. Prenez maintenant l'un des bâtons (parfois l'extrémité en est rasée, un peu en forme de coin, ce qui le fait se mieux
poser en attendant qu'il soit maintenu par la clôture), placez-le sur la
courbe et sur l'extrémité fine du brin, passez le gros bout par-dessus
en serrant, puis en arrière des deux joints. Placez l'extrémité fine du
brin en avant du deuxième joint et derrière le troisième ; amenez le
gros bout en avant du troisième, placez le second bâton sur le gros
bout, et faites passer l'extrémité fine, par-dessus le bâton, en arrière
du quatrième joint. Finalement, placez le gros bout en avant du quatrième et derrière le bâton de la courbe ; coupez-le à cet endroit, enroulez l'extrémité fine autour de la courbe et tressez-le sur les joints
et sur les bâtons (fig. 69). Cette façon particulière de faire le couvercle semble employée exclusivement à propos des paniers plats à
fruits. Après avoir tressé une dizaine de centimètres, le travailleur
s'assied à califourchon sur le panier tourné le fond en l'air.

Commencez la plupart des brins à tresser derrière les deux gros bâtons et, tous les deux ou trois, changez de bâton pour alterner de l'un à l'autre (seulement pour les extrémités fines) ; ceci contribue à recouvrir entièrement les bâtons. Lorsqu'il y a environ 15 centimètres de faits, il faut ménager un espace de chaque côté pour attacher le couvercle, comme l'indique A des figures 70 et 71. Au lieu de tresser autour de la courbe, tournez les brins autour de chacun des joints extérieurs, environ trois fois. Ensuite, taillez en pointe un gros bout, enfoncez-le dans la clôture à côté de la courbe, sur le devant du couvercle, enroulez-le trois ou quatre fois autour du bâton de la courbe, et tressez-le. Dans la figure 70, B est la courbe, et C, l'un des joints. Il

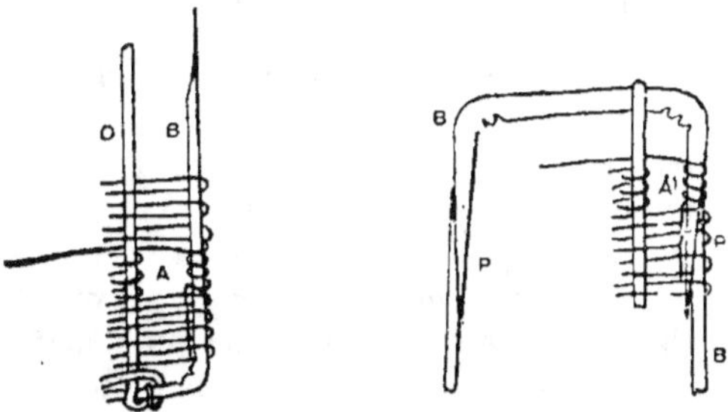

Fig. 70. — Devant de couvercle de panier.   Fig. 71. — Raccord de la courbe.

ne faut pas replier le côté gauche. Taillez en pointe les extrémités de la courbe, en disposant les entailles l'une en face de l'autre. Le travailleur doit être assis sur le couvercle, pour travailler plus rapidement. Pour éviter de tirer la courbe en dedans et de la rétrécir, mesurez-la de temps à autre sur le corps du panier. Lorsque la clôture est parvenue à quelques centimètres des deux espaces suivants qui sont aussi réservés pour l'attacher, il faut plier l'autre partie de la courbe et y faire des entailles, pour compléter le couvercle. Les pointes de cette partie devront être faites sur chaque côté extérieurement, de façon que, lorsqu'on l'enfoncera dans la clôture, chacune se trouve en face des entailles de la première partie de la courbe. A 38 centimètres environ, ménagez pour les attaches des espaces similaires aux premiers. Mais, avant de replier le brin pointu autour de la courbe, introduisez dans la clôture la partie la plus épaisse de la seconde courbe à côté de l'extrémité la plus grosse de la première ; ensuite, enfoncez l'extrémité fine à côté de celle de la première ; n'oubliez pas de mouiller les extrémités. Pour faire la courbe, couvrez exactement la bor-

dure ; on devra la poser sur le panier et l'aplatir en la frappant doucement avec la batte (voir figure 71). Puis, repliez l'espace d'attache du
devant et faites la clôture à l'intérieur de la courbe. Mouillez bien les
extrémités des quatre joints A, B, C et D (figure 72) et employez-les
comme suit : tordez comme une corde le premier de droite, enroulez-le
deux fois autour de la courbe, puis passez-le au travers deux fois,
comme dans la clôture et laissez-le reposer sur l'angle de la « courbe »,
du côté gauche. Traitez exactement de même le premier joint du côté

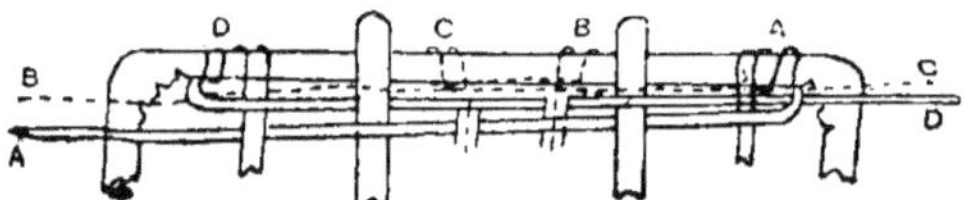

Fig. 72. — Fin du couvercle de panier.

gauche, en le tressant vers la droite et laissez-en l'extrémité fine sur
l'angle de droite de la courbe ; serrez toujours bien en tirant. Ensuite
tordez celui des deux du milieu qui est sur la droite, en le travaillant
vers la gauche ; finalement, celui de gauche, que vous travaillerez vers
la droite. Coupez les quatre extrémités fines bien posées sur la courbe,
de chaque côté. Il faut se servir souvent de la batte pour ces couvercles
afin de resserrer les brins dans la clôture, particulièrement les derniers

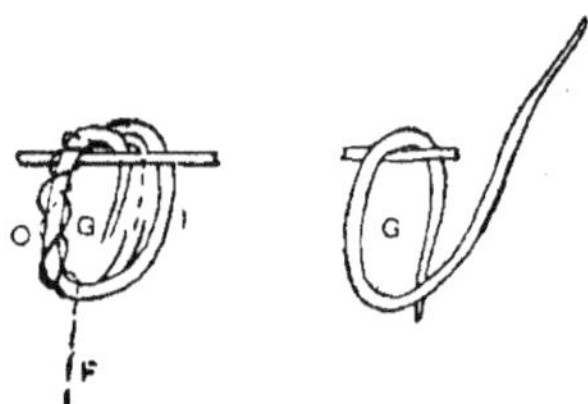

Fig. 73. — Attache du couvercle de panier.

centimètres, car le travailleur ne peut, ici, se servir de ses mains
puisque la courbe est trop près. Arrangez le couvercle avec soin ; vous
pourrez alors l'attacher sur le côté de la bordure qui a été bourré. La
figure 73 indique la manière d'y procéder. Taillez une pointe au gros
bout de deux brins souples et unis ; placez le couvercle dans sa position sur la bordure du panier ; et, avec le poinçon, percez la clôture à
côté d'une baguette en partant du haut de la bordure juste en dessous
de l'un des espaces ménagés dans le couvercle ; introduisez la pointe

du brin d'attache G et tordez-le en forme de corde ; passez le par-dessus la partie de la courbe qui est à découvert : enfoncez le poinçon dans l'espace en question en biaisant sous la bordure et ressortant à l'extérieur du panier, au point O de la figure 73. Faites pénétrer l'extrémité fine du brin d'attache et tirez-la au travers de l'espace qui se trouve à l'extérieur du couvercle ; puis passez-la à la droite du gros bout, repliez-la deux fois par-dessus la courbe ainsi formée, passez-la de nouveau sous la bordure en remontant par l'ouverture, puis, tordez-la de nouveau par-dessus, en égalisant les torsions, comme il a été fait pour les anses. Coupez l'extrémité sur le côté gauche, où elle a été introduite en dernier lieu.

CHAPITRE VII

PANIERS A PROVISIONS

Nous donnons ci-dessous la manière de fabriquer un panier à provisions. Coupez d'abord six baguettes de 40 centimètres de long et placez-les dans l'étau en commençant par les deux des extrémités avec un intervalle de 20 centimètres mesuré extérieurement. Faites la clôture jusqu'à une hauteur de 33 centimètres, qu'il est préférable de marquer au crayon lorsqu'on commence le fond. La manière de commencer la clôture est décrite plus haut, à propos du panier carré.

Retirez les baguettes de l'étau, finissez soigneusement l'ouvrage et coupez ras les extrémités. La bordure, à l'intérieur du panier, a 15 centimètres de hauteur; dix baguettes, de la grosseur approximative d'un crayon ordinaire, seront nécessaires pour chacun des côtés longs, et sept pour chaque petit côté. Taillez en pointe les gros bouts sur leur côté extérieur ou convexe pour les enfoncer dans le fond. Commencez par placer les baguettes dans les côtés longs, une à côté de cinq des premières et deux à la troisième, de chaque côté, à partir de la droite. En vous agenouillant sur le fond, redressez-les et courbez-les. Traitez de même l'autre extrémité et percez les premières baguettes des côtés au moyen du poinçon pour y placer les dix nouvelles baguettes. Ne mettez pas trop loin les baguettes des extrémités, car le panier aura des tiges d'angle qui lui donnent un meilleur aspect. Lorsque les dix baguettes auront été placées, redressez-les et tassez-les avec le côté plat de la batte ; le même traitement devra être appliqué aux deux côtés ; courbez soigneusement les baguettes une à une et placez-les dans un cercle, en attachant celui-ci de chaque côté pour l'empêcher de partir. Coupez quatre tiges d'environ 18 centimètres de long pour les angles, et rabotez un peu les extrémités qui devront poser dessus ; puis faites le renversement en plaçant les extrémités fines de trois brins entre les baguettes de côté, à l'angle de gauche et en opérant absolument de la manière qui a été décrite plus haut, à propos du panier carré (chapitre III). Les baguettes devront être régularisées pendant le renversement, et particulièrement les deux à côté de la troisième baguette des côtés, de sorte que l'une paraisse être une baguette médiane. Les deux qui sont placées à l'intervalle de l'anse, de chaqué côté, devront aussi être tenues bien séparées et quelques minutes consacrées à les redresser éviteront une grande perte de temps

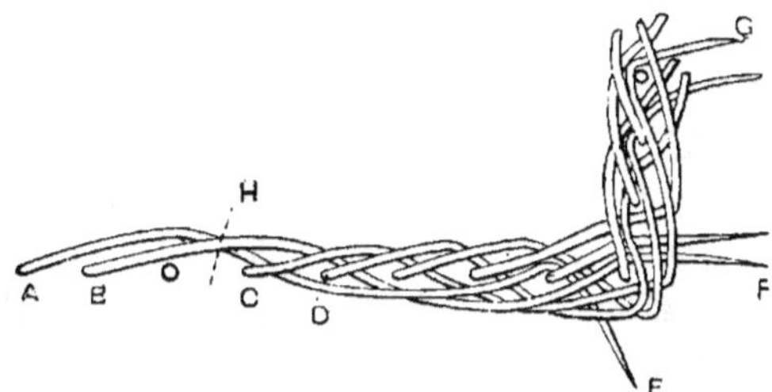

Fig. 74. — Bordure du panier à provisions.

et de la peine. On peut mettre deux tours de renversement, car ils maintiendront les baguettes droites et fermes. Retirez du cercle une ou deux baguettes de chaque côté des quatre tiges d'angle, et puis, après avoir pris une double poignée de petits brins, faites la clôture comme l'indique la figure 41. Ne prenez jamais pour la clôture des brins aussi gros que les baguettes. Lorsqu'on a atteint tout autour la hauteur de 14 centimètres à l'intérieur, on peut faire la bande. Comme le couvercle du panier a deux battants tournant autour d'une traverse fixée sous l'anse, la bande pourra être faite de la même manière que le renversement. Servez-vous d'un rang de six brins dont les six extrémités fines recouvriront toute la longueur du côté où ils commencent et finissent. Coupez les extrémités des tiges d'angle et fixez une baguette dans le haut de chacune. Mouillez bien les baguettes et commencez la bordure en abaissant la troisième baguette du long côté et les trois suivantes, sans compter la baguette de gauche dans l'intervalle de l'anse, que vous laisserez droite. Cette bordure se fait de la même manière que la tresse de base du panier carré, sauf qu'elle est serrée et plate. Dans la figure 74, les baguettes abaissées en premier lieu sont marquées A, B, C et D ; E, F et G sont les extrémités fines terminées de A, B et C ; H est l'intervalle pour l'anse.

Lorsque la bordure est finie, on fait une traverse dans la largeur du panier entre les intervalles de l'anse. Taillez en pointe les gros bouts de deux brins et introduisez-les dans l'un des intervalles aussi loin que possible l'un de l'autre. Puis, prenez un brin, coupez-en quelques centimètres à son extrémité et introduisez-le également dans l'intervalle ; passez-le autour du brin de droite de la traverse, B, (fig. 75), puis, entre les deux brins et autour de celui de gauche, comme le représente la figure. Employez le brin de la sorte, en plaçant le gros bout en arrière de l'un des brins de la traverse, comme en D (fig. 75). A mesure

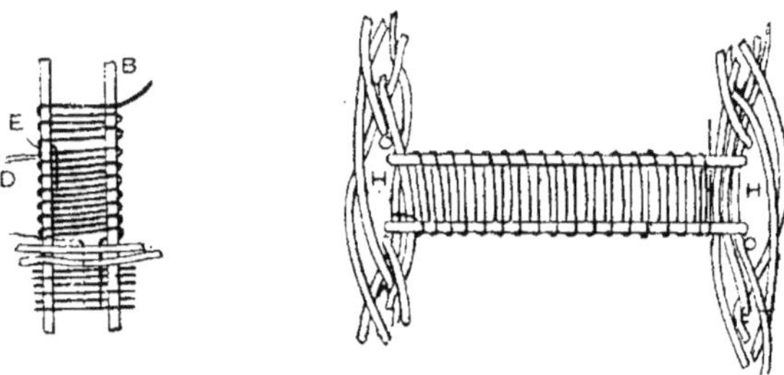

Fig. 75 et 76. — Manière de faire la traverse.

qu'un brin est fini, introduisez l'extrémité fine d'un autre, comme il est représenté en E, et quand la traverse est ainsi formée, coupez avec soin les gros bouts au ras au-dessous de la traverse.

Courbez celle-ci, repliez à angle droit les extrémités des brins qui la constituent, taillez-les en pointe et introduisez-les dans l'intervalle de l'anse du côté opposé du panier ; cela formera une traverse (fig. 76) sur laquelle on pourra fixer le couvercle du panier. Lorsqu'on replie à angle droit un brin, comme les brins de la traverse, il faut toujours lui donner une légère torsion pour l'empêcher de se casser. La tresse de base est placée ensuite, comme il a été dit dans le chapitre III.

Pour les couvercles à battants, on courbe deux brins à la forme du panier, de chaque côté de la traverse ; placez le gros bout de l'un d'eux le long du côté du panier et faites deux petites encoches aux angles. Courbez le brin à la forme voulue et attachez une fiche en travers pour le maintenir, comme le montre A dans la figure 77. Coupez six joints (fig. 78) comme l'indique B de la figure 77 et repliez-le sur la « courbe », de la manière représentée par la figure 77. L'espace libre

C est réservé pour la boucle de chaque extrémité du panier. Repliez d'abord D sur la « courbe », puis E et F ; repliez les trois autres brins dans la direction opposée, et nattez quelques petits brins sur trois tours environ de chaque côté de l'intervalle, comme en G.

Passez-en ensuite une paire en travers à partir du côté gauche de la courbe, en plaçant un gros bout entre la courbe et le premier joint ; enroulez fortement le gros bout autour de la courbe, derrière le premier joint et terminez-le en avant du deuxième. Ensuite, passez l'extrémité fine par-dessus, derrière le deuxième et devant le troisième joint, raccordez le bout terminé avec un autre brin et continuez avec les deux alternativement. Ayant ainsi formé l'intervalle par la boucle, tressez d'un côté à l'autre des brins simples, en les enroulant fortement à cha-

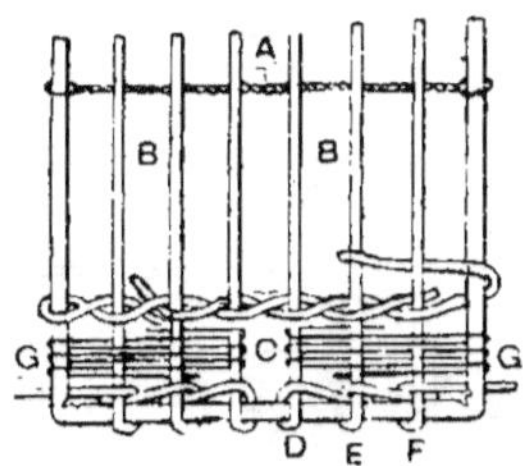

Fig. 77. — Couvercle à battant pour panier à provisions.

que tour sur la courbe. Pour déterminer si le battant est à peu près de la dimension voulue pour recouvrir l'un des côtés du panier, mettez-le en place, et s'il correspond à un demi centimètre près, il ira bien, car cet intervalle sera occupé par la bordure de l'extrémité des joints. Pour terminer le couvercle, un débutant ferait sans doute mieux de le mettre dans l'étau, le côté non terminé en face de lui. Introduisez un brin pointu à côté de la courbe, du côté gauche ; prenez un autre petit brin et à 17 centimètres environ de son gros bout, repliez-le autour de la courbe et aussi autour de la nouvelle baguette. Poussez-le derrière le premier joint et laissez-le en avant du second brin, où il est terminé ; la nouvelle baguette sera alors abaissée auprès de lui. L'autre partie du brin replié sera passée derrière le deuxième joint et devant le troisième, et le premier joint sera posé à côté. Répétez ces deux opérations jusqu'à ce que vous arriviez au sixième ou dernier joint. Enfoncez alors le petit poinçon à côté de la courbe et passez le joint qui pose maintenant sur le devant du montant restant deux fois autour du poinçon et de la courbe, pour correspondre avec le côté opposé du couvercle, et terminez en le posant contre l'arrière du sixième brin qui,

lorsque le poinçon sera retiré, sera courbé, taillé en pointe et mis à la
place de celui-ci. Cela fixe le tout, et le couvercle peut alors être soigneusement achevé et les extrémités de la courbe coupées ras comme
en A (fig. 79). L'autre battant se fait exactement de la même manière ;
celui-ci une fois terminé, attachez les battants de chaque côté de la
traverse. Choisissez quatre brins longs et minces, taillez-en les gros
bouts en pointe et employez-en deux pour chaque battant. Passez
d'abord le poinçon à côté du joint bordé D (fig. 79), mouillez l'un des
brins et glissez-le dans la clôture. Tenez le battant entre vos genoux et
tordez le brin en forme de corde ; à 10 centimètres environ le long de
la clôture, du côté droit du joint, introduisez l'extrémité du brin tordu,
tirez-la par-dessous le battant et passez-la de nouveau sur le devant, de

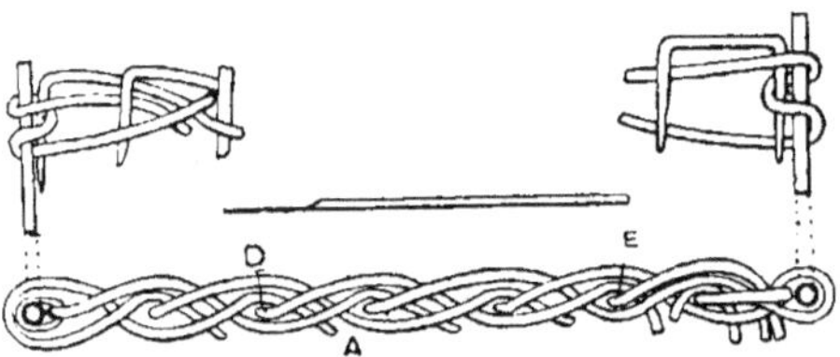

Fig. 78. — Joint.   Fig. 79. — Fin du couvercle.
Fig. 80 et 81. — Formation des rubans pour panier à provisions.

l'autre côté du même joint, à peu près à son point de départ. On forme
ensuite une sorte de ruban en l'enroulant deux fois sur la longueur de
10 centimètres, en serrant fortement chaque tour (voir fig. 80 et 81) ;
il sera alors bien égal et uni comme dans les figures 82 et 83 où A
représente la bordure, B le brin du ruban, C le joint, D la clôture et E
la partie employée pour attacher le battant à la traverse. Quittez le ruban tandis que vous travaillerez le deuxième brin à E (fig. 79) de la
même manière ; alors, le battant pourra être attaché à la traverse.
Mouillez les extrémités fines des brins tordus et mettez le battant en
place en vous aidant du poinçon. Introduisez-le dans la clôture de la
traverse, insérez y l'extrémité du brin tordu et tirez-la de l'intérieur du
panier à travers le battant vers l'extérieur, et en serrant ; puis de nouveau à travers la traverse par le battant. On le met ensuite à sa place
et on le coupe à l'extérieur, où le brin du ruban a d'abord été passé à
travers la clôture. Les trois autres brins d'attache sont travaillés de la
même manière à leurs places respectives (voir fig. 84). A est l'une des
baguettes de la traverse ; B, la bordure du couvercle, et C, l'extrémité
terminée du ruban. Pour le bâton et le lien de l'anse, coupez d'abord

deux petits bâtons, puis placez-les l'un près de l'autre dans les intervalles H réservés pour l'anse (fig. 76), en les courbant l'un après l'autre, bien entendu. Assurez-vous qu'ils sont parfaitement de niveau aux
courbures d'en haut. La partie la plus élevée de la courbe des bâtons
pourra se trouver à environ 20 centimètres, aussi bien qu'à toute autre
hauteur plus appropriée. Coupez un brin en biseau et poussez-en l'extrémité sous la bordure en avant de la courbe de l'anse et vers le haut
à travers la partie supérieure de la bordure, en contact avec le devant

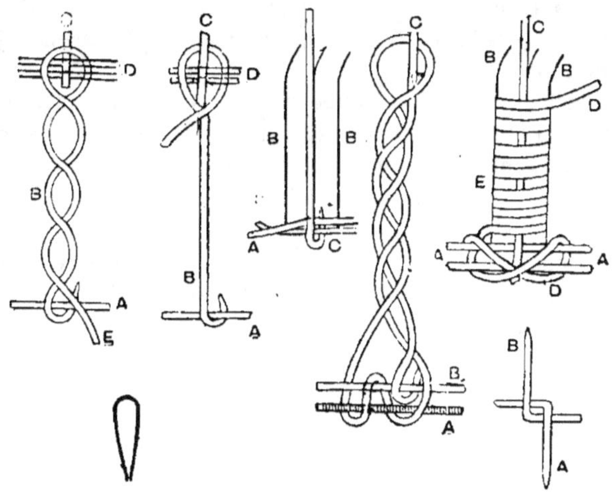

Fig. 82 à 84. — Formation des rubans pour le panier à provisions.
Fig. 85 et 86. — Courbure de l'anse.   Fig. 87. — Raccord des liens.
Fig. 88. — Boucle.

de la courbe, comme figures 85 et 86 où A est la bordure, B, la courbe
de l'anse, C, le joint et D, le lien. Introduisez l'extrémité d'un lien
mouillé derrière les courbes, ramenez-la par-dessus la bordure, du
côté gauche, faites-la passer au-dessus du joint et sous la bordure à
droite ; puis, passez-la au-dessus du même côté, croisez-la et passez-la
sous la bordure à gauche. Ramenez-la de nouveau sur le devant et en-
roulez-la autour des courbes et du lien six ou sept fois, en montant.
Ensuite, passez le lien derrière le joint, comme le montre E dans la
figure 86. Après avoir replié ensemble les courbes et le joint sur trois
tours, à nouveau, passez-les une fois sous le joint, et continuez ainsi.
A 8 ou 10 centimètres environ du côté où il se termine, le joint devra
être tordu en forme de corde et passé sous la bordure, par-devant ;

ensuite, tirez-le fortement vers le haut auprès des courbes, pour correspondre avec le commencement. Continuez en repliant toutes les courbes, à ras, et terminez, pour correspondre avec l'autre côté, en tirant le lien entre le joiñt et la bordure une ou deux fois, puis tranchez; il sera alors bien attaché. Comme l'anse prendra plusieurs liens, le raccord est indiqué figure 87. L'extrémité A est taillée en pointe et introduite dans le repli sous les courbes à 5 centimètres environ de l'extrémité d'un lien terminé, B. Pliez les deux à angle droit, comme c'est indiqué, le lien A prenant la place de B, puis liez solidement ce dernier en le dissimulant. Les courbes devront être chevillées; pour cela, on percera dans la bande, en ligne avec la bordure, et juste en-dessous, des deux côtés du panier.

Dans ces trous, on introduit avec la batte un petit morceau d'osier taillé en pointe, et on le coupe en biais de façon qu'il ne raccroche rien. Les boucles sont des morceaux de brins recourbés complètement autour du poinçon, comme l'indique la figure 88; placez-les aux extrémités du panier de façon qu'ils passent dans l'intervalle du couvercle à battants, et servez-vous du poinçon pour les introduire dans la bordure, une à chaque extrémité, sur la baguette du milieu, et, enfin, enfoncez-les et chevillez-les.

CHAPITRE VIII

VANNERIE DE CAMPAGNE

Pour fabriquer un panier ovale de colporteur à fond plat rapporté, de 40 centimètres de long environ et de 23 centimètres de haut, prenez huit brins et formez un « pli » de quatre rangs de baguettes, comme le montrent les figures 57 à 59, et faites la clôture du fond avec les brins par paires, comme nous l'avons décrit dans le chapitre v.

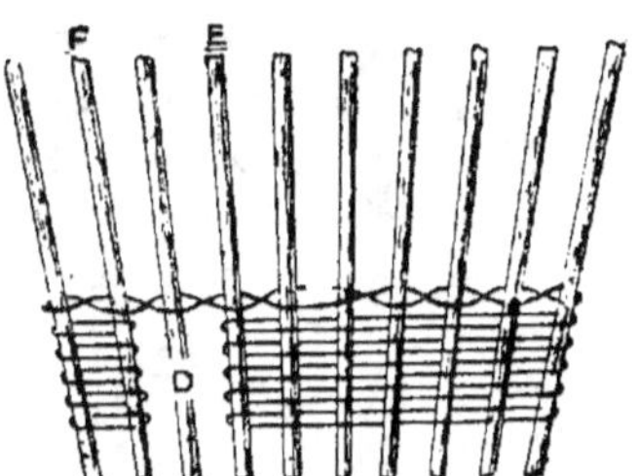

Fig. 89. — Clôture du panier ovale.

Lorsque le fond est achevé, renforcez-le en ayant soin de mettre une paire de baguettes au milieu des deux côtés afin de former un intervalle pour la « courbe » de l'anse. Après que les baguettes ont été rassemblées et placées dans un cercle, commencez à renverser avec quatre brins, comme il a été dit dans le chapitre v. Les deux premiers rangs étant faits de cette manière, nattez ensuite avec des brins séparément, comme figure 41. Si l'intervalle qui se trouve sous le fond rapporté doit être utilisé aussi, il faut ménager une petite ouverture pour une porte à l'un des bouts du panier ou auprès de l'un des intervalles réservés pour l'anse.

Chacun des brins est passé autour de la baguette et ramené de nouveau en arrière jusqu'à ce qu'un intervalle suffisant, D (fig. 89), soit ménagé pour livrer passage aux objets dont on a besoin. Naturellement, la porte D de l'intervalle peut obliger à laisser à découvert deux ou même trois baguettes ; une seule figure sur l'illustration. A 10 centimètres environ de la bordure, il faut former un rebord de composition quelconque, sur lequel reposera le fond rapporté. Ayez soin que la clôture ait la même hauteur tout autour ; prenez alors quatre brins

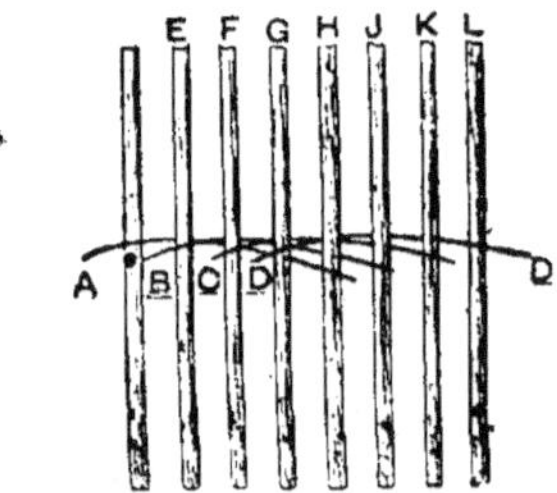

Fig. 90. — Bande de panier ovale.

de bonne taille et faites une bande, comme figure 90. Placez A derrière les baguettes E, F et G ; B, derrière F, G et H ; C, derrière G, H et J ; et D, derrière H, J et K ; et répétez, chaque brin de la bande passant devant une baguette et derrière trois ; serrez les brins fortement pour constituer un support solide pour le deuxième fond. Raccordez chaque gros bout des brins où il a fini et recouvrez avec soin les extrémités fines. Cessez la clôture, et quand le haut de la bande sera posé tout autour, servez-vous de quatre brins (fig. 43). Passez chaque brin à l'intérieur de deux baguettes et à l'extérieur de deux, en raccordant les gros bouts comme ci-dessus.

On peut alors placer la bordure, qui ressemble beaucoup à celle de la figure 46, la seule différence étant qu'il n'y a pas d'angles ; laissez, de la même manière, l'intervalle pour une ou deux anses. On peut faire une anse en brins, en rotin ou en liens, au choix ; dans ce dernier cas, employez trois « courbes » au lieu de deux, comme figure 86, et deux joints, car il faut une anse solide. Le deuxième fond se fait comme celui qui est fixe et doit bien s'ajuster sur la bande. On peut faire la porte avec quatre joints repliés sur la baguette E (fig. 89) en faisant entre eux une clôture avec des brins suffisamment petits pour couvrir jusqu'à la baguette F, et en bourrant les deux de l'extérieur l'un auprès de l'autre. Coupez le deuxième joint intérieur et bourrez le premier à côté de celui-ci. Coupez aussi la partie non recouverte des baguettes dans l'intervalle D, et attachez la porte à la baguette F de toute façon que vous jugerez convenable. Les quatre parties repliées des joints agissent comme charnières sur la baguette E.

Un panier rond servant à transporter des volailles à exposer peut avoir 65 centimètres de diamètre et une hauteur égale ou supérieure, suivant la taille des oiseaux. Le fond est formé comme dans un panier

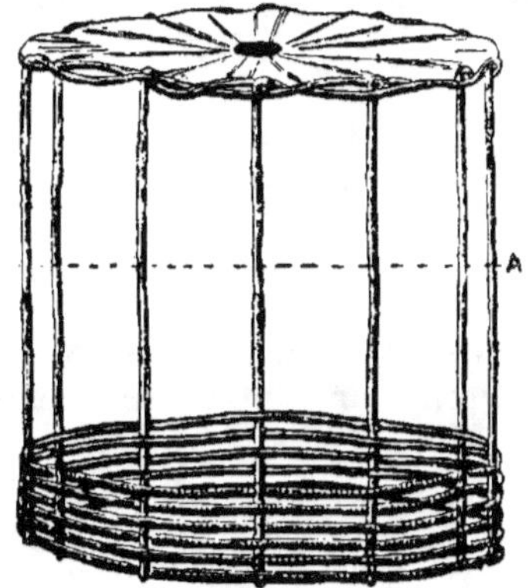

Fig. 91. — Panier pour volailles.

ordinaire et les côtés sont représentés par la figure 91. La vannerie est faite sur une hauteur de 15 centimètres à la base et, au niveau de A, on met deux brins bien nattés, que représente en plan la figure 92, pour renforcer l'ensemble. Le dessus est achevé avec deux brins de la même manière, et les verticaux sont tressés, couchés et mis en œuvre avec les derniers brins de manière à former un bord.

Le panier est doublé avec de la toile claire, qui doit dépasser le dessus de 30 centimètres environ. La toile est finie comme une taie d'oreiller, avec un ourlet pouvant contenir une ficelle ; quand la toile est tirée et attachée, il reste un trou en haut qui suffit à donner de l'air. Ces paniers sont bon marché, légers et vite faits.

Les corbeilles ou paniers à fraises dont se servent les fruitiers se font avec de minces morceaux de bois, bien trempés avant qu'on les emploie. Le fond et les montants sont formés de six morceaux de bois de 1 millimètre et demi d'épaisseur ; le fond et les morceaux de côté pourront être en frêne, et les joints, qui ont 6 millimètres de large, en sapin. Pour faire une corbeille de 14 centimètres de diamètre et de 7 centimètres de profondeur, croisez les six longueurs (fig. 93) sous

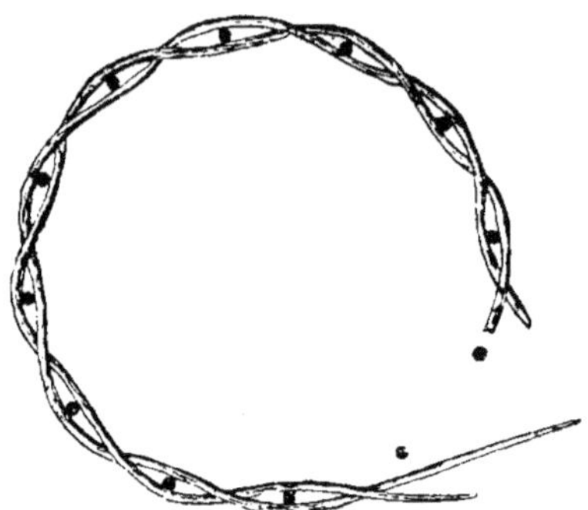

Fig. 92. — Brins nattés serrés.

votre pied gauche. Fendez A sur la moitié de sa longueur, ce qui donnera treize montants. Prenez un joint, mettez-le entre A et B et nattez-

Fig. 93. — Fond de panier à fraises.

le en tournant vers la droite, comme il est indiqué sur le montant fendu, et continuez tant que le fond n'aura pas 11 centimètres de large. Les morceaux croisés sont alors courbés vers le haut très soigneusement, et les extrémités supérieures en sont placées dans un petit cercle pour être maintenues en position jusqu'à ce que plusieurs rangs de lacis aient été faits. A mesure qu'un joint est achevé, on le raccorde intérieurement avec un autre. Quand la hauteur voulue est atteinte, vous coupez au même niveau les montants, en alternant. Une partie

Fig. 94. — Montants et lacis
de panier à fraises.

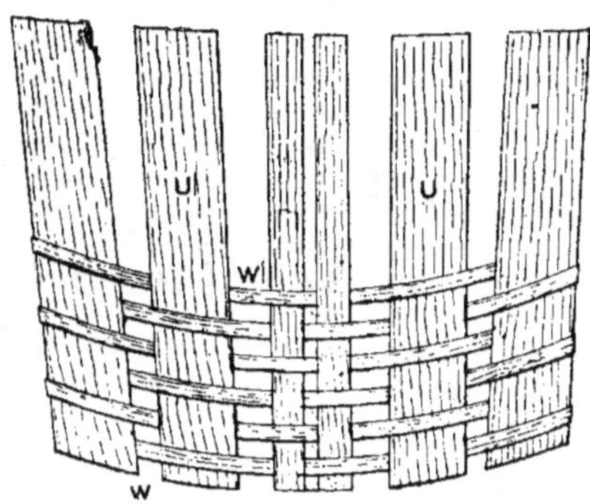

Fig. 95. — Montants et lacis de panier à fraises.

des autres est rabotée très mince (A fig. 94), recourbée vers l'extérieur, et les extrémités sont relevées dans le côté, comme en B. Introduisez un long joint du côté gauche de l'un des montants rabaissés. Enroulez autour du panier un brin avec lequel vous le lierez au joint supérieur. La figure 95 est une coupe d'une corbeille ; W représente les lacis et joints, et C, les montants.

CHAPITRE IX

PANIERS EN FIBRE DE BOIS

Ce genre de panier est fait en bois très mince au lieu d'osier. Les emplois en sont très nombreux ; les plus grandes tailles sont en usage dans les brasseries, les charbonnages, les chantiers de bois, les jardins et encore ailleurs ; tandis que les petites tailles se vendent en quantité aux bains de mer, pour les enfants ; les plus ornés servent de panier à ouvrage pour les dames, de cache-pots, etc. Ils sont résistants et durent très longtemps.

L'outil employé le plus est le « rabot », que l'on devra acheter. Les autres outils nécessaires sont : une scie à main, une hachette, un couperet, un marteau et une batte ; ce qui est utile outre cela peut être fait par l'ouvrier lui-même. Ce dont on se sert le plus couramment, c'est l'établi à raboter que représentent de profil et de face les figures 96 et 97. Pour le faire, prenez une planche de 2 mètres de long et de 25 à 30 centimètres de large, et, à 15 centimètres environ de chaque extrémité, percez deux trous de 4 centimètres et fixez dans ceux-ci un pied, de manière à former un tabouret de la hauteur d'une chaise ; ces pieds devront s'écarter suffisamment pour donner de l'aplomb à l'ensemble. Procurez-vous deux morceaux de frêne ou d'un bois analogue de 80 centimètres de long et de 8 centimètres sur 4 centimètres environ, et dans chaque morceau, percez deux trous de 3 centimètres à 15 centimètres de chaque extrémité et un trou de 1 centimètre à 32 centimètres de l'extrémité supérieure.

Ces morceaux sont marqués D dans les figures 96 et 97. Deux morceaux ronds sont ajustés dans les plus grands trous, l'un, E, plus long de 8 centimètres que l'établi n'est large, et l'autre, H, 30 centimètres plus long. On devra les enfoncer très solidement dans les morceaux de côté, pour former un cadre qui glissera facilement sur l'établi. Percez un trou de 1 centimètre dans celui-ci et de champ, à 55 centimètres de l'une des extrémités, puis mettant le cadre dessus, passez

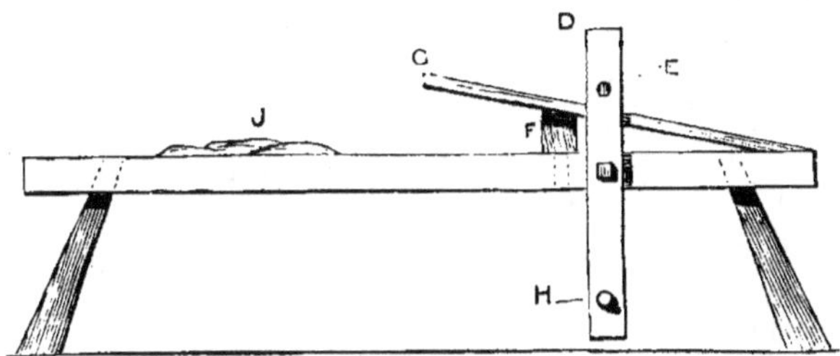

Fig. 96. — Vue de côté de l'établi.

une cheville, I, à travers les côtés du cadre, et à travers l'établi. Il y a alors un établi en forme de tabouret et un cadre qui oscille au-dessus. Le plus long morceau rond doit être en bas, et devra faire saillie de 14 centimètres de côté. Un bloc de bois, de 25 centimètres de long et

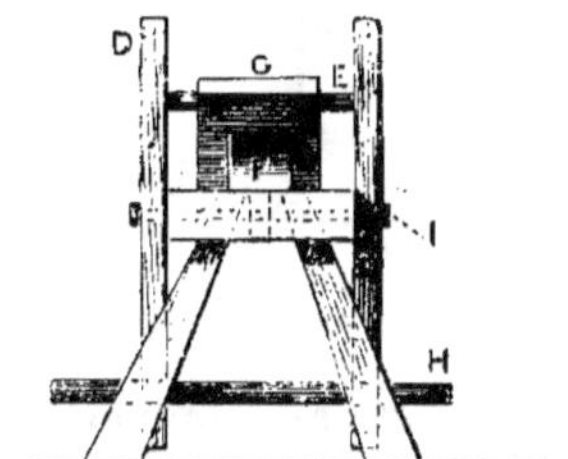

Fig. 97. — Vue de face de l'établi.

de 10 centimètres de large sur 8 centimètres d'épaisseur, F, devra être fixé au centre du tabouret, à 4 ou 5 centimètres plus près de l'extrémité longue que la cheville I. Pour fixer F, mettez-le en tenon dans la partie supérieure du tabouret et chevillez-le. Coupez le bloc en biais comme le montre l'illustration, de façon qu'une planche G, de 15 centimètres de large puisse reposer sur sa partie supérieure ; fixez cette planche sur l'extrémité courte de l'établi. La figure 96 explique clairement cette partie du travail. Un coussin J sur lequel on s'assiéra se place sur l'établi, qui est alors complet.

Pour se servir de cet établi, on s'assoit à califourchon dessus, on place le bois à raboter sur la planche G (fig. 96 et 97) et on met les pieds, un de chaque côté, sur les morceaux en saillie H, en les poussant en avant. Cet établi est fort utile dans tout atelier où l'on travaille le bois.

Tout le bois employé pour les petits paniers peut être préparé sur l'établi à raboter ; mais les bords et les anses pour les grandes tailles seront préparés sur le frein représenté de face par la figure 98 et de

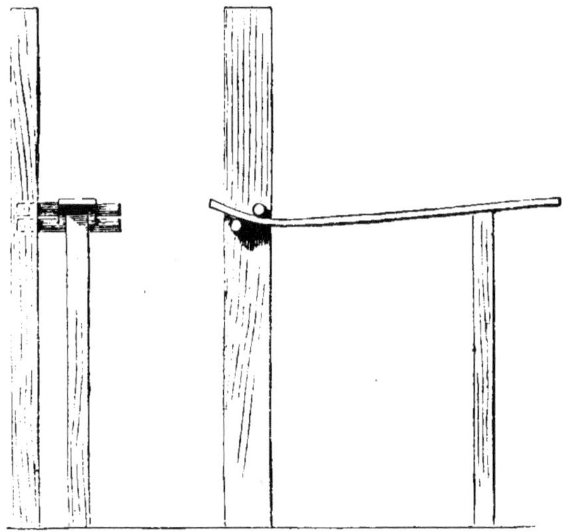

Fig. 98 et 99. — Etabli à raboter.

profil par la figure 99. Il se compose simplement d'un pieu fiché dans le sol et muni de deux chevilles placées l'une un peu plus haut que l'autre. Le morceau à raboter est placé par une de ses extrémités entre les chevilles, l'autre étant courbée et posée sur le haut d'un pieu moins élevé ; l'élasticité du bois suffit à maintenir la planche solidement.

La figure 99 explique cette disposition. Les chevilles devront se trouver à 1 m. 35 du sol environ ; telle est également la hauteur du petit pieu. Une étuve, pour traiter les bords et les anses et les rendre flexibles, ne sera nécessaire que si l'on veut faire les grandes tailles ou fabriquer en grand pour vendre. On peut l'établir simplement au-dessus de la lessiveuse, à laquelle on la réunit. Dans la figure 100, L est la lessiveuse ; M, le feu ; O, la cheminée ; P, la porte du foyer ; Q, un support pour l'extrémité de l'étuve K qui est un récipient imperméable d'environ 2 mètres de long et de 23 centimètres au carré, clos à l'extrémité qui touche à la cheminée et pourvu d'un couvercle mobile en R ; un conduit carré, N, relie la lessiveuse à l'étuve. On comprend aisément que, lorsque cette dernière est remplie avec les morceaux de bois, le couvercle R ajusté exactement, et que l'eau a bouilli continuellement pendant une demi-heure, le bois sera parfaitement étuvé et se pliera alors avec facilité. Les petits morceaux de bois pourront être bouillis dans l'eau, et dans ce cas, une étuve est inutile.

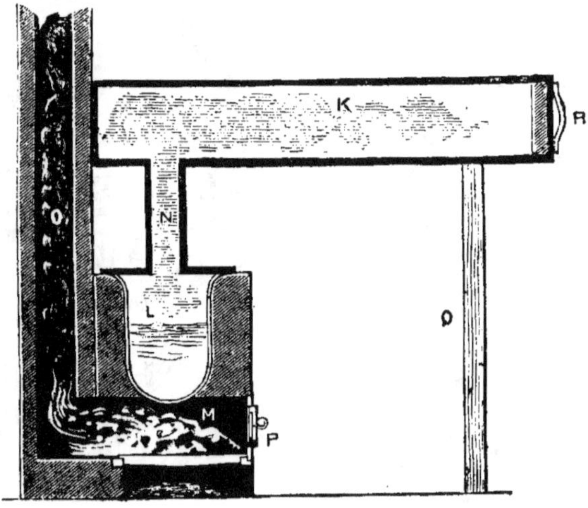

Fig. 100. — Etuve.

Nous donnerons ci-dessous des indications détaillées sur cet appareil à étuver pour les personnes qui ont l'intention de produire en grand.

L'étuve proprement dite (A des figures 101 à 104) est un récipient carré d'environ 2 mètres de long fait en planches de 22 centimètres sur 3 et renforcé en B. L'extrémité C (fig. 101) est close ; mais, à l'extrémité D, les pièces de l'armature font une saillie d'environ 4 centimètres sur l'étuve, de manière à former un chanfrein. Tout autour, dans ce chanfrein, une porte G est ajustée ; elle est tenue en place par une fiche I placée de chaque côté comme le montre la fig. 102. La porte est renforcée par des barres H.

L'étuve est reliée à la lessiveuse par un conduit en bois, E, qui s'ajuste dans une alvéole formée de quatre taquets F fixés par des clous au fond de l'étuve, de même aussi au couvercle de la lessiveuse K. Un trou carré est découpé dans le couvercle, de même que dans le fond de l'étuve, pour livrer passage à la vapeur. L'étuve est fixée horizontalement, le conduit E supportant l'extrémité C, tandis que l'autre est suspendue au plafond ou soutenue par un pieu, selon le cas (fig. 100).

La figure 101 est une élévation de l'étuve reliée à la lessiveuse, la figure 102, une élévation de l'extrémité montrant la porte mobile; la

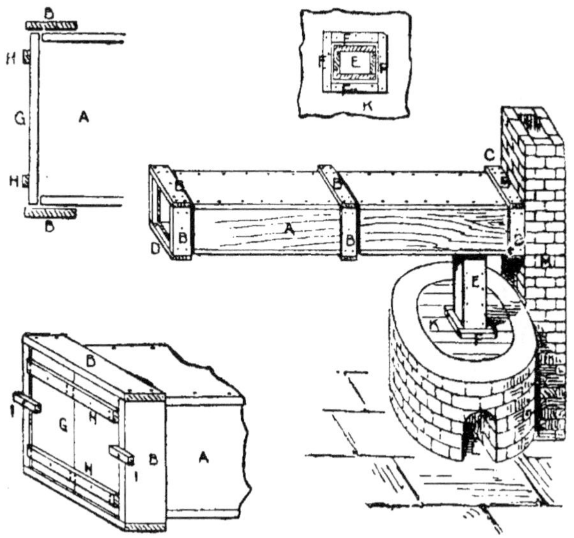

Fig. 101. — Appareil à étuver.   Fig. 102 et 103. — Extrémité de l'étuve.
Fig. 104. — Raccord du conduit et de la lessiveuse.

figure 103, une coupe verticale de l'extrémité et de la porte; la figure 104, le plan du raccord du conduit de vapeur au couvercle de la lessiveuse.

La figure 105 donne une vue de face d'un panier de bois, que la figure 106 représente vu de côté; on voit par là qu'il se compose de quatre parties : le bord (fig. 107), l'anse (fig. 108), les pieds (fig. 109) et les planchettes (fig. 110). Les bords et les anses se font en frêne ou en châtaignier et ont environ 5 centimètres de diamètre; le bois le plus droit et le moins noueux est le meilleur pour cet usage. Les morceaux devront être d'abord taillés à leur longueur, puis coupés en quatre, c'est-à-dire fendus au milieu et ensuite perpendiculairement, donnant ainsi quatre morceaux en coupe, comme la figure 111. Enlevez l'angle, faites disparaître toute aspérité et arrondissez légèrement les bords, pour donner la forme représentée par la figure 112.

Moins on touche la partie extérieure et mieux cela vaut, parce qu'il

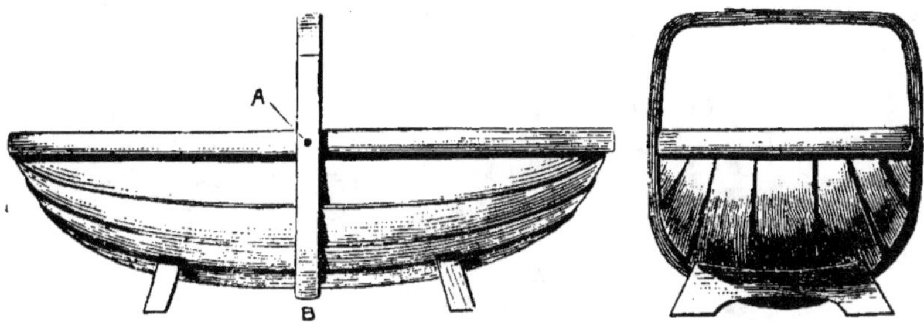

Fig. + 105. — Vue de face d'un panier en bois.

Fig. 106. — Vue de côté d'un panier en bois.

y faut de la force pour supporter la courbure. Les extrémités devront être amincies sur une longueur de 15 centimètres environ, de façon que deux extrémités puissent se réunir et former un joint parfait ayant à peu près la même épaisseur que le reste du bord. Les anses se font

Fig. 107. — Bord d'un panier en bois.

exactement de la même manière. Le rabotage étant fait, le bois est étuvé ou bouilli, puis, on peut procéder au montage. Pour un débutant, il sera plus facile de faire une planchette de la même forme qu'un bord. Pour faire un panier de 38 centimètres sur 20 centimètres environ, il est nécessaire d'avoir une planchette dont les dimensions sont inférieures de 1 centimètre aux précédentes, et dont les angles sont arrondis. Pliez le bord autour de la planchette, en l'ajustant, et fixez au moyen de trois ou quatre clous le joint, qui doit se trouver au milieu du grand côté, comme C de la figure 107. L'anse se fait de la même manière, seulement, bien entendu, la planchette aura la forme de la figure 108 ; et, comme l'anse est clouée à l'extérieur du bord, la mesure intérieure de l'anse devra être égale à la mesure extérieure du bord, bien que cela n'ait pas besoin d'être exact, l'une cédant sur l'autre.

 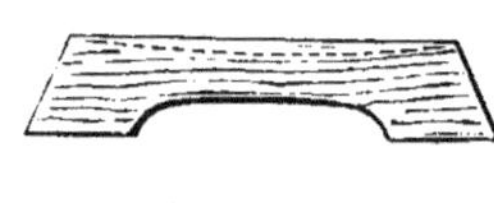

Fig. 108. — Anse.   Fig. 109. — Pied de panier en bois.

Avec un peu de pratique, on apprendra à ajuster les planchettes et à plier les anses et les bords sans difficulté, comme dans l'industrie. Lorsque l'anse et le bord sont prêts, clouez-les ensemble ; pour cela, glissez l'anse par-dessus le bord, maintenez-la perpendiculairement à

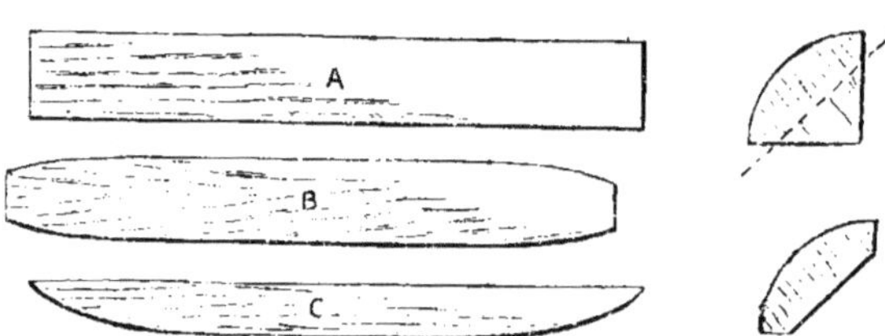

Fig. 110. — Planchettes pour panier en bois.
Fig. 111 et 112. — Coupes de bord de panier en bois.

celui-ci, puis, prenant un point d'appui solide, mettez un clou, comme en A de la figure 105 ; retournez le tout et procédez de même de l'autre côté ; rabattez les clous à l'intérieur, et le cadre du panier est prêt. Posez-le sur un de ses côtés pendant que vous préparez les lattes (fig. 110) que l'on fait avec des tiges de saule. Les tiges sont coupées de la longueur voulue pour les différentes tailles ; le panier de la dimension mentionnée plus haut devra avoir des planchettes de 52 centimètres et demi de long. Le bois est fendu aussi fin que possible, pour qu'il y ait peu de

rabotage à faire. Après avoir fendu le bois avec le couperet, placez-le
en pile auprès de l'établi à raboter, de façon que l'on puisse le prendre
sans quitter son siège ; rabotez complètement l'un des côtés, puis
l'autre, mais ce dernier un peu arrondi, de manière à l'amincir vers les
bords. On peut faire des planchettes de l'une ou l'autre des formes
représentées par la figure 110, celle qui conviendra le mieux. Pour
faire le fond du panier, choisissez une latte ressemblant à A (fig. 110),

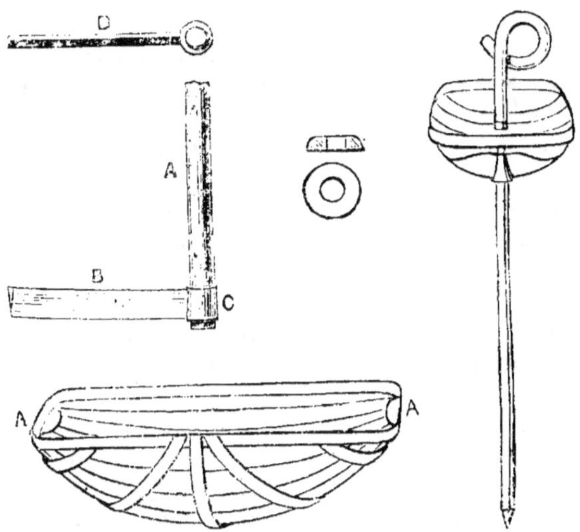

Fig. 113. — Couperet.   Fig. 114. — Panier-canne.   Fig. 115. — Bague pour panier.
Fig. 116. — Panier à bois.

introduisez-la dans le cadre et mettez un clou dans l'anse en B
(fig. 105) ; courbez la latte à la forme représentée, et clouez encore
en C. Faites-en autant à l'autre extrémité et la latte est fixée, car un
clou à chaque endroit est suffisant. Prenez ensuite un latte dans le
genre de B (fig. 110) et traitez-la de même, en la faisant seulement
chevaucher légèrement sur le bord de la première, et continuez de la
sorte jusqu'à ce que le panier soit achevé. La dernière latte de chaque
côté ressemblera à C (fig. 110) et devra, très probablement, être ajustée au bord à l'aide d'un couteau bien tranchant ; le couteau sert également pour tailler les extrémités des planchettes quand elles sont
clouées. On verra qu'il faut environ sept lattes pour faire un panier,
bien que, si elles sont de bonne largeur, cinq puissent suffire, et que,

si elles sont étroites, il soit nécessaire d'en mettre davantage ; mais il doit toujours y en avoir un nombre impair, c'est-à-dire qu'il doit y avoir le même nombre de chaque côté de la latte centrale.

Il reste à faire les pieds (fig. 109) et à les mettre en place. On peut les fabriquer avec n'importe quel morceau de bois, en leur donnant une épaisseur de 2 à 3 centimètres.

Ils devront être cloués de l'intérieur du panier.

Nous avons parlé plus haut d'un couperet ; cet outil est représenté par la figure 113, dans laquelle A est le manche en bois ; B, la lame, et C, le trou de la lame où s'adapte le manche ; D est un plan de la lame vue d'en haut. Pour s'en servir, on dresse le morceau de bois qu'il s'agit de fendre et on pose le tranchant à l'endroit où il devra pénétrer, le manche étant tenu droit dans la main gauche ; on enfonce bien la lame en la cognant avec un maillet de bois, puis on fait agir le manche comme un levier et le bois se fend. Les clous qui conviennent le mieux sont les gros à tête plate et large ; on les rive sur la batte mentionnée ci-dessus. On peut les enfoncer hardiment, sans craindre de fendre le bois.

Le panier-canne (fig. 114) est simplement une combinaison du panier de bois et d'une canne ; il se fait très aisément. Construisez d'abord le panier, comme il a été dit, au diamètre de 20 centimètres. Quant à la canne, c'est un morceau de frêne dont la partie supérieure a été arrondie et tournée à la vapeur comme l'ont été les bords et les anses. Faites un trou dans le fond du panier pour permettre à la canne de passer exactement. Procurez-vous deux bagues tournées, comme celle que représente en coupe verticale et en plan la figure 115, et fixez-en une sur la canne, à 15 centimètres environ au-dessous du crochet ; puis, faites passer la canne par le trou du fond du panier, de façon que la bague s'adapte à celui-ci ; mettez un clou tout à côté du panier pour le fixer à la canne. Le panier-canne est alors prêt.

Ce panier se vend en grandes quantités dans les endroits fréquentés par les touristes, qui s'en servent pour aller cueillir des fougères et des fleurs ; des géologues l'emploient aussi pour recueillir leurs spécimens et, les dames, pour faire la cueillette des fruits.

Le panier à bois (fig. 113) est un panier ordinaire, mais plus grand. Il a de 1 m. 20 à 1 m. 75 de long, et, comme ce serait un très lourd fardeau, on se dispense de mettre une anse ; on taille seulement un trou formant poignée à chaque extrémité, immédiatement au-dessous du bord (A, fig. 116). Il a un bord comme un panier ordinaire. Il y a deux attaches de chaque côté de la partie inférieure de l'anse, qui est seule conservée et clouée au bord, comme le représente l'illustration ;

enfin, les lattes sont clouées en cinq endroits différents, ce qui rend ce panier à bois très résistant et solide.

Le panier d'étable (fig. 117) est une forme de panier que l'on emploie pour donner la nourriture au bétail et aux chevaux dans les étables et les écuries. On le fait de la même manière que le panier ordinaire, sauf

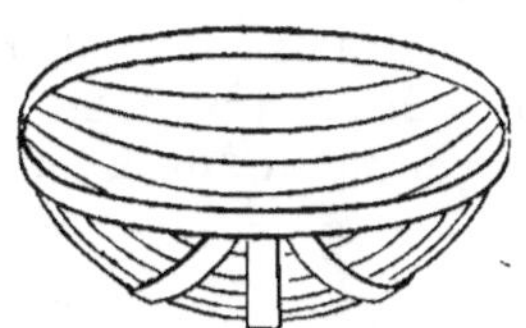

Fig. 117. — Panier d'étable.

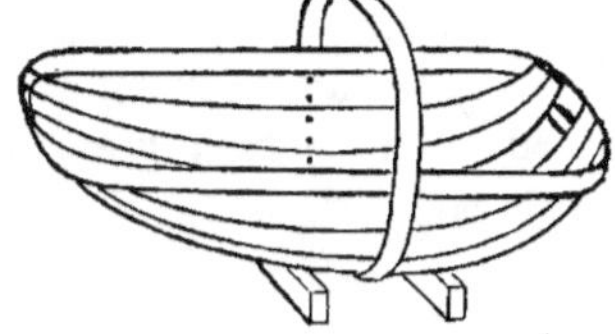

Fig. 118. — Panier à charbon.

qu'il est absolument rond et a un diamètre de 50 centimètres environ. Le cadre se compose du bord et de trois attaches, comme le montre la figure.

Le panier à charbon (fig. 118) est semblable au panier ordinaire, si ce n'est qu'il est plus petit à une extrémité qu'à l'autre et que l'anse

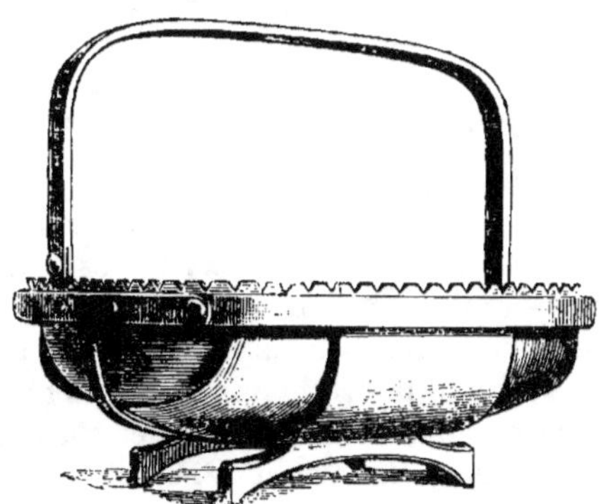

Fig. 119. — Panier à ouvrage.

est placée plus près de l'extrémité large. Un trou est pratiqué sous le bord, à cette même extrémité, comme dans le panier à bois. Cette dis-position permet de jeter plus facilement le charbon dans le feu, supprimant ainsi l'usage de la pelle et du seau à charbon.

Les paniers à ouvrage pour dames (fig. 119 et 120) sont très demandés, car on les emploie aussi à d'autres usages. Ils se font en différentes tailles, de 12 à 40 centimètres de long, et ils portent des ornements de divers genres. Les bords et les anses sont fabriqués de la même manière que ceux du panier ordinaire, mais, bien entendu, il faut apporter plus de soin au travail, et les faire beaucoup plus légers. Les lattes devront, de même, être rabotées aussi fines que le permet la nature du bois employé, et on se servira, pour les fixer, de clous de tapissier en métal fantaisie. Après que les lattes auront été mises en place, on devra les arrondir légèrement à quelques millimètres au-dessus du bord, puis y pratiquer, au moyen du couteau, de petites

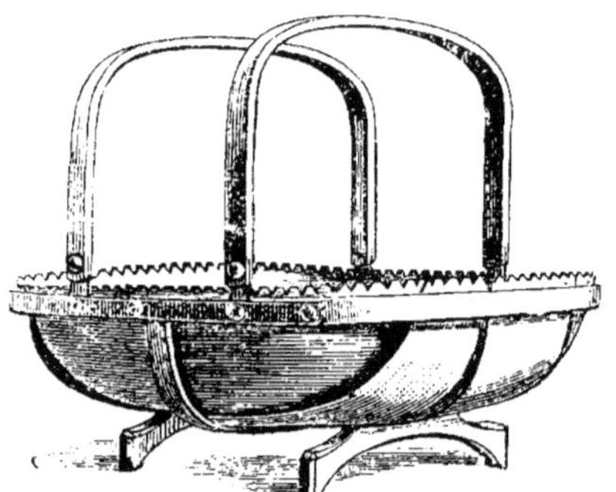

Fig. 120. — Panier à ouvrage.

entailles, qui contribuent à l'ornementation du panier et ne demandent que peu de temps. On obtient aussi un bon résultat en colorant les lattes différemment, avant de les clouer. Les paniers gagnent beaucoup à être munis d'anses que l'on peut abaisser ; pour ce faire, coupez l'anse en deux, juste au-dessus du bord et insérez un morceau de fer-blanc de 2 à 3 centimètres de long dans chacune des parties, avec un rivet, c'est-à-dire une attache de laiton ou de fer-blanc qui constitue une charnière pour l'anse et lui permet de s'abaisser librement. La charnière apparaît en détail dans le diagramme (fig. 121) où BB sont les morceaux de fer-blanc et AAAA, les rivets. Les fig. 119 et 120 représentent des paniers avec une et avec deux anses, respectivement.

. Le panier pour colis postal n'est pas d'un emploi aussi général que les autres sortes de paniers de bois, bien qu'il soit utile aux personnes qui expédient par cette voie du gibier, des fruits, etc. Il se compose tout simplement de deux paniers ordinaires sans anse réunis à l'une de leurs extrémités par les bords de telle sorte que, repliés l'un sur l'autre, ils forment une boîte. Les bords peuvent être attachés ensemble à l'autre extrémité pour assujettir le tout. Il est très pratique à cause de sa légèreté, qui économise une partie du port, et de sa force.

On peut faire de la même manière de jolis cachepots. Découpez d'abord dans une planche de 1 centimètre d'épaisseur un octogone de la dimension intérieure du cachepot que l'on veut avoir, et qui en constituera le fond. Faites un bord de la même grandeur ou un peu plus

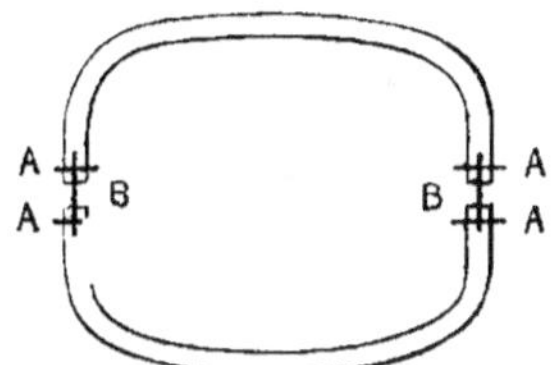

Fig. 121. — Anses pliantes pour panier à ouvrage.

grand, en mesurant intérieurement, et préparez huit lattes, pour un petit pot, et seize s'il est grand ; puis clouez-les, d'abord au fond, puis au bord, avec des clous argentés ; terminez et ornez comme il a été dit à propos des paniers à ouvrage. Ces cachepots peuvent soit être employés comme suspension, soit posés sur une table ou sur un guéridon, et pourront également être vernis.

Avec ce même genre de bois, on peut faire aussi des berceaux de poupée, de même qu'une quantité d'autres objets que la pratique fera connaître et qu'il est inutile de décrire ici.

On peut observer toutefois, au sujet du berceau, que s'il doit pouvoir se balancer, on donnera aux pieds la forme convenable en les arrondissant à la partie inférieure.

CHAPITRE X

PANIERS ET OBJETS DE FANTAISIE

Les instructions contenues dans le chapitre ii s'appliquent aux travaux de fantaisie ; nous donnerons ici quelques renseignements complémentaires sur ce sujet. On se rend compte à première vue par les illustrations qui accompagnent ce chapitre que l'on peut faire toutes sortes d'articles en vannerie, par exemple, un panier à ordures. Avec une bordure cordée à sa partie supérieure, ce panier doit être fabriqué avec des rotins suffisamment longs pour qu'on les travaille sans difficulté, cette matière étant peu maniable ; mais il y a le gros rotin numéro 16, plat d'un côté, qui convient parfaitement, et on peut l'avoir de la longueur de 25 centimètres, précisément la hauteur du panier à ordures. Commencez par faire un fond rond serré de 23 centimètres environ de diamètre, et terminez-le par une bordure cordée épaisse. Prenez ensuite, sans les mouiller, les rotins plats, que l'on peut parfaitement employer à sec, et placez-les en les serrant assez, dans le fond du panier, entre les brins de la clôture, à 3 ou 4 centimètres du bord. Si le fond est très serré et ferme, ils tiendront droit très facilement, et après quelques tours de clôture, ils seront absolument fixés. Le fond du panier, étant humide, se rétrécira en séchant et tiendra les montants solidement. Faites comme à l'ordinaire la clôture des côtés du panier à la hauteur de 5 centimètres environ au-dessous du bord supérieur. Coupez ensuite des morceaux de rotin numéro 8 assez longs pour faire la bordure cordée et enfoncez-les de 2 à 3 centimètres à côté de chacun des montants. Continuez la clôture jusqu'au bout supérieur des montants, puis servez-vous des baguettes de rotin numéro 8 pour la torsion en corde. C'est un peu monotone de natter tout un panier à ordures de la même manière jusqu'en haut, mais on peut apporter de la variété très facilement. Faites, par exemple, 5 centimètres de la façon habituelle, puis mettez un second brin et nattez 5 centimètres avec deux brins ensemble, l'un au-dessus de l'autre ; ensuite, faites une autre bande unie, et continuez de la sorte. On peut également em-

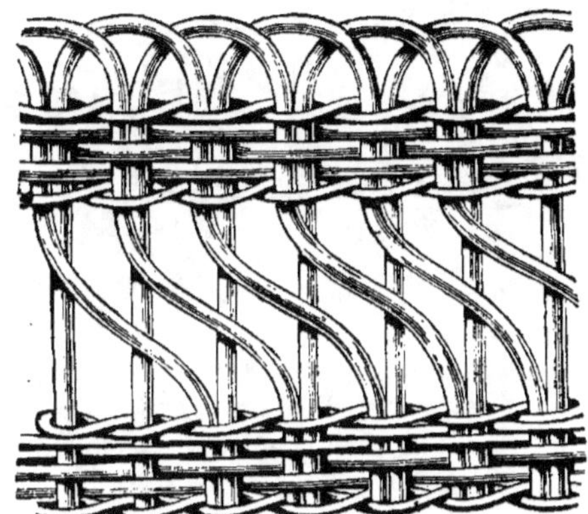

Fig. 122. — Modèle à jour.

ployer une autre matière première alternativement avec le rotin rond, de la paille, par exemple, ou des copeaux de couleur. Des dessins à jour produisent très bon effet ; nous en donnons un figure 123. Faites le travail comme à l'ordinaire jusqu'à ce que les côtés du panier aient une hauteur de 2 à 3 centimètres, puis terminez avec un rang de tresse

Fig. 123. — Modèle montant et tresse.

(fig. 25). Laissez un intervalle de 3 centimètres environ, ou plus, si le panier est grand, et commencez de nouveau avec un rang de tresse ; pour cela, mesurez sur un brin plutôt plus que la circonférence du panier, doublez le brin à cette distance de l'extrémité, bouclez-le autour d'un montant et faites la tresse comme auparavant ; (fig. 123), attachez bien l'extrémité courte quand le rang est fini, et continuez avec l'autre

bout. Le panier étant terminé, recourbez les baguettes pour faire un
treillis comme bordure ; mais, au lieu de les enfoncer tout droit,
faites-leur croiser l'espace libre, comme dans la figure 122. Il y a une
autre variété de ce modèle que l'on fait en employant du rotin très

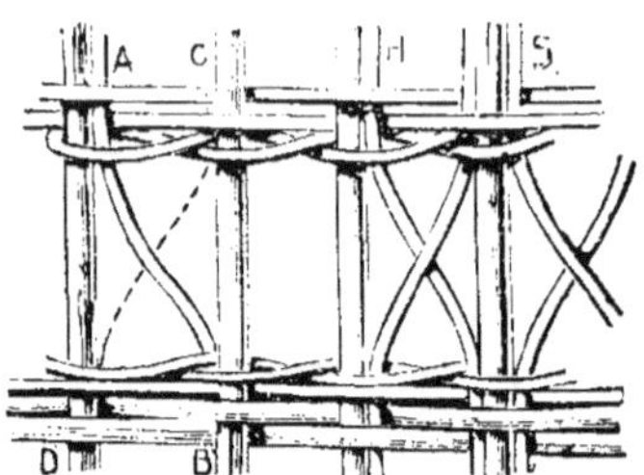

Fig. 124. — Modèle à jour croisé.

mince pour les croisillons de la partie à jour. Faites le rang supérieur
de tresse comme dans la figure 123 et deux rangs de clôture au-dessus ;
puis, prenez du rotin très fin, du numéro 00, par exemple, introduisez-

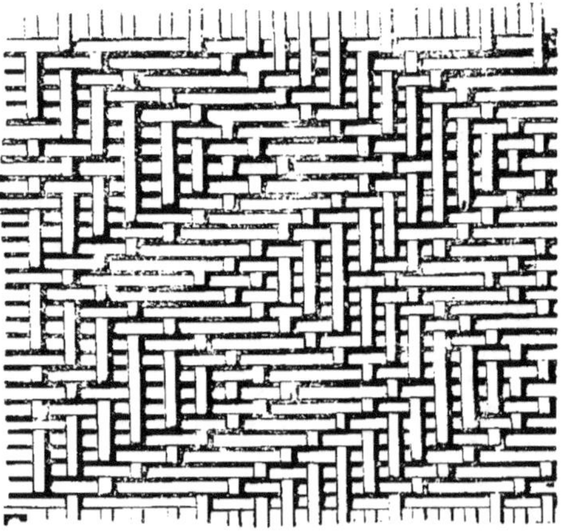

Fig. 125. — Modèle en zigzag.

en un morceau en A (fig. 124), passez-le en travers de l'intervalle et
enfoncez-le en B. Mettez ensuite un autre morceau en C, faites-le traverser en D, formant ainsi un modèle croisé dans chaque espace libre,
comme l'indique H de la figure 124. Répétez ce travail dans chacun des

intervalles ou en alternant, tout autour du panier. S'il reste de longs bouts de fin rotin, chacun des montants aura un rotin fin des deux côtés, comme en S. Continuez la clôture jusqu'en haut du panier, en traitant chaque groupe comme si ce n'était qu'un montant, de manière à tenir solidement le fin rotin. Pour finir le panier, faites une tresse extérieurement, en n'employant que les gros rotins du début (on peut enrouler les minces à l'intérieur du panier pour s'en débarrasser), puis lorsque cela est fait, une tresse à l'intérieur avec les rotins fins ; on obtient de la sorte une jolie bordure double.

Dans le genre que représente la figure 125, on peut faire des dessins d'une très grande variété. Il est préférable, sous le rapport de l'aspect, d'avoir un grand nombre de montants très rapprochés les uns des

Fig. 126. — Couture.

autres, et de se servir d'un brin plié en deux pour la clôture. Pour le modèle que représente la figure 125, le nombre de montants doit être divisible par douze, nombre requis pour chaque répétition du dessin. Celui-ci est, en somme, le même dans chaque rang, dessus : quatre, dessous : un, dessus : trois ; dessous : un, dessus : un, dessous : quatre. Dans le deuxième rang, ceci se répète, mais en commençant un montant plus loin vers la droite, et ainsi de suite jusqu'au moment de tourner ; faites alors le dessin du rang suivant une baguette plus loin vers la gauche, et, à chaque rang, de même, une de plus à gauche, de sorte que le dessin ira en zigzags. La figure 125 explique ceci plus clairement que ne peut le faire toute description.

Des modèles de tricot donneront souvent des idées pour ce genre de « point fantaisie » et des modèles de point croisé de genre simple peuvent être aussi reproduits en vannerie.

Le couvercle d'un panier fantaisie est comme le fond, la clôture étant un peu serrée pour rendre le couvercle creux ; mais il ne s'ajustera pas bien sur une bordure en tresse ; on devra donc finir le haut du panier et le bord du couvercle avec une ligature plate. On se sert pour cela de rotin plat, qui est de la même couleur que le rond. Pour lier un panier, terminez la clôture par un rang de tresse (fig. 25) et coupez les montants juste au-dessus. Prenez deux morceaux de rotin plat de la mesure de la circonférence du panier et tenez-les l'un en face de l'autre de chaque côté des montants. Puis, avec un morceau plus grand de rotin plat, cousez-les fortement en tournant autour du panier, en introduisant le morceau qui sert à coudre à travers le côté du panier, à deux brins environ du sommet de celui-ci ; puis au-dessus des deux brins et de nouveau dans le panier, exactement comme une couture ordinaire. Le mieux est de faire deux points entre deux baguettes consécutives, car la couture doit être serrée.

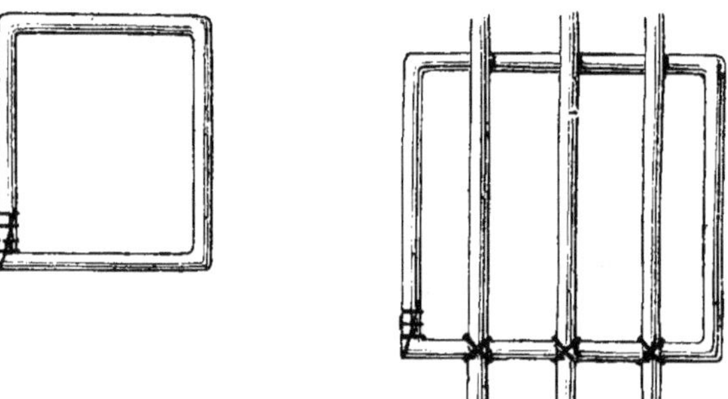

Fig. 127 et 128. — Cadres de paniers.

Les morceaux dont on se sert pour la ligature doivent être tirés fortement, à mesure que la couture avance. La figure 126 aide à expliquer la couture. Le bord du couvercle doit être lié absolument de la même manière, et être fait un peu plus grand que le haut du panier. On pourra l'attacher facilement en prenant, pour faire charnière, un morceau de ce qui a servi à faire la couture. Un coup d'œil jeté sur n'importe quel panier à couvercle fera voir comment cela se fait. Les lecteurs qui ont compris la partie la plus importante de ce qui se trouve dans cet ouvrage ne trouveront aucune difficulté.

Sur un cadre de gros rotin (n° 8 ou n° 9) on établit une sorte de panier fantaisie carré ou oblong. Pliez le rotin en forme de carré en pinçant les angles, et attachez les extrémités qui devront se recouvrir un peu, avec de la petite ficelle, comme le représente la figure 127. Coupez les montants comme à l'ordinaire, assez longs pour former la hauteur du panier, traverser le fond carré et remonter le long de l'autre côté du panier, et attachez-les avec de la ficelle au fond du cadre, en laissant libres les autres extrémités (fig. 128). Avec un rotin numéro 3, nattez en avant et en arrière en travers du cadre, la clôture comprenant aussi les côtés de celui-ci. Après avoir fait quelques rangs de clôture, insérez un rotin juste en travers, assez long pour les côtés du panier ; nattez quelques rangs de plus et insérez un autre rotin long, et ainsi de suite à égales distances jusqu'à ce que le cadre soit complètement rempli. Coupez alors la ficelle, et le carré obtenu formera le fond du panier (fig. 129).

Les côtés peuvent être faits maintenant, non sur le cadre, mais en dehors ; il faudra placer droit dans l'angle même du cadre une forte

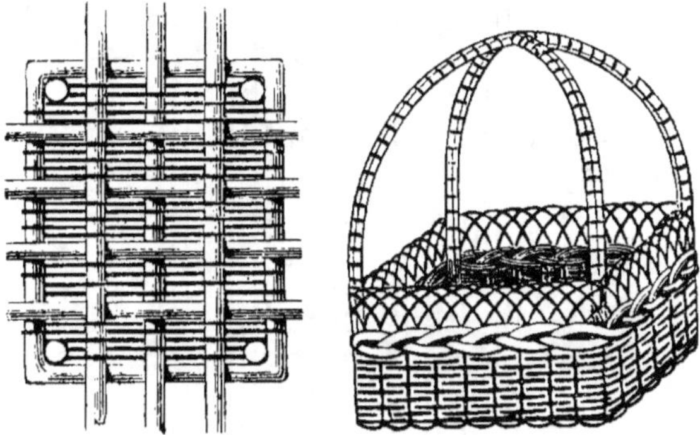

Fig. 129. — Fond de panier
oblong.

Fig. 130. — Panier carré
fantaisie.

tige, que représentent les cercles blancs dans les coins de la figure 129. Les rotins pourront être placés tout droits ou être inclinés vers l'extérieur, suivant la forme que l'on désire obtenir. Les côtés droits sont les plus faciles à faire.

La clôture se fait exactement comme dans un panier fantaisie rond, en pinçant simplement le brin à chaque coin quand il arrive en dehors de la grosse tige, pour bien former les angles. Comme il y a un nombre pair de baguettes, on doit se servir de deux brins doubles dont l'un sera roulé, autrement ils s'emmêleraient trop souvent. Lorsque les côtés sont faits, les parties séparées devront être cousues ensemble, pour donner au panier un aspect soigné. La figure 126 indique le moyen de faire la couture. La figure 130 représente un genre peu commun de panier fantaisie carré. Il faut le faire en rotin assez fin, du numéro 1, par exemple, et il en faudra beaucoup. Les montants sont tous en petit rotin ; on les coupera très longs et on les disposera comme le montre la figure 131. Les rotins croisés, par groupes de six, devront être posés sur une table, avec des poids à chaque extrémité pour les maintenir en place. Alors, les rotins longitudinaux, par groupes de trois, seront passés dessus et dessous et poussés les uns contre les autres, tandis que les rotins croisés restent séparés par quelque distance. Si l'on attache une ficelle en travers à chaque extrémité, on trouvera que le travail en est fort simplifié ; naturellement, on coupe la ficelle après.

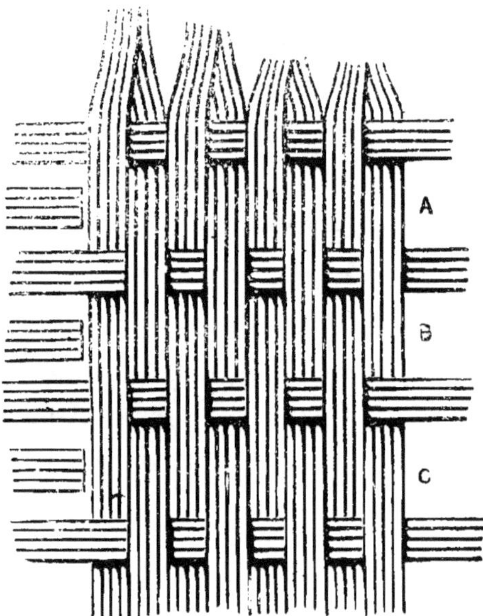

Fig. 131. — Clôture de panier fantaisie carré.

Avec deux doubles brins de rotin numéro 1, faites un rang de tresse tout autour pour maintenir l'ensemble ; mais, comme il y a trop de montants à chacune des extrémités, chaque paire de groupes devra être recouverte et considérée comme un seul groupe, ceci se voit à la partie supérieure de la figure 131. Cette manière de faire contribue à affermir les montants : toutefois, si l'ensemble paraît lourd, on peut aussi en couper çà et là. Les rotins des côtés, au contraire, sont beaucoup trop écartés les uns des autres ; par suite, il faut insérer de nouveaux groupes de six en A, B et C de chaque côté, comme l'indique le diagramme, (fig. 131). On éprouvera quelque difficulté à fixer tout cela. Cependant, lorsque c'est fait, continuez la clôture sur plusieurs rangs, en maintenant l'ouvrage à plat sur une table jusqu'à ce qu'il ait

atteint la dimension voulue pour le fond du panier. Deux ou trois
rangs de tresse pourront être exécutés avant la clôture, pour aider à
maintenir tout en place. Montez les côtés comme à l'ordinaire, ce qui
sera plus aisé si une ligature est cousue autour du fond, comme dans
la figure 126 ; puis, placez une courte tige assez grosse de rotin
numéro 8 dans chaque angle. Faites la clôture comme à l'ordinaire, en
pinçant les coins tout en travaillant, jusqu'à ce que le panier ait à peu
près les deux tiers de la hauteur prévue ; puis, terminez la clôture par
un rang de tresse. Il y a alors beaucoup de montants par groupes de
six. Partagez chaque groupe par moitié et prenez trois montants à la
fois pour faire une bordure bouclée avec une large bande en-dessous
(fig. 130). Prenez un groupe de trois montants, repliez-le vers la droite
et passez-le derrière trois groupes, en avant de deux, derrière deux, en
avant de deux et derrière un groupe, les extrémités descendant main-

Fig. 132. — Anse pour panier fantaisie.

tenant en dehors du panier ; mais rappelez-vous toujours que chacun
des groupes ne comporte plus maintenant que trois montants, de sorte
que chaque lot doit être partagé à mesure que le travail avance. Continuez de la sorte tout autour, en prenant chaque groupe de trois montants derrière 3, en avant de 2, derrière 2, devant 2, et dehors, derrière 1. Lorsque cela a été fait tout autour, tirez vers le bas les montants jusqu'à ce que le bord soit bien uni sur tout le pourtour, puis
faites la bande. Prenez chacun des montants à son tour et passez-le
sous deux autres vers la droite.

Continuez ainsi sur tout le tour et toutes les extrémités pointeront
alors vers le haut, à l'extérieur du panier. Tirez-les pour les serrer
autant qu'il sera possible et mettez-les au niveau partout. Puis, passez
de nouveau chaque montant sous deux autres, en bas sur la droite ;
tirez-les en les serrant tous, et la bande devra se trouver à plat contre
le panier, juste au-dessous du bord bouclé, les extrémités pointant vers
le bas. Lorsque tout est sec, coupez les extrémités au milieu de la
bande, aussi ras que possible.

Pour faire une anse, on peut prendre deux longs morceaux de rotin
n° 8, fortement entourés de rotin plat. Attachez solidement l'une des
extrémités dans l'un des angles, et l'autre dans le coin diagonalement

opposé en travers du panier. Préparez une autre anse analogue et attachez-la dans les deux autres angles, en lui faisant croiser la première anse en son milieu, où les deux devront être attachées.

On peut fixer une anse par un procédé très original en plaçant l'une auprès de l'autre deux ou trois longueurs de gros rotin, en les enroulant dans du rotin plat, cinq fois, par exemple, puis en poussant le morceau qui s'enroule sous l'un des éléments du panier auquel on le coud sur trois points. Puis, enroulez les autres morceaux sur cinq points de plus, et répétez ceci sur toute la longueur (fig. 132).

Fig. 133. — Fauteuil de jardin
de poupée.

Fig. 134. — Fauteuil rond
de poupée.

On peut faire aussi des paniers ovales avec un fond analogue à la figure 131, au moyen de six ou huit longs morceaux de rotin n° 3, et de six groupes de trois pour les tiges croisées ; la clôture se fait alors avec du rotin n° 1 ou n° 0. Ceci empêche le bord supérieur de se soulever.

Les meubles de poupée se font en vannerie avec du rotin fin, à moins que les objets ne doivent être de grande dimension.

Pour un fauteuil de jardin de poupée (fig. 133) prenez du rotin n° 4 pour les montants et du n° 0 pour la clôture. Le siège se fait en premier lieu sur un cadre carré (fig. 127), l'extrémité arrière un peu plus étroite que le devant. Après avoir « clos » le cadre, montez les gros rotins et nattez les six ou sept premiers rangs, en terminant par un rang de tresse. Laissez un intervalle, commencez à nouveau par un rang de tresse, nattez six autres rangs et terminez en courbant chacune des tiges à son tour derrière une, devant une, derrière une, devant une, derrière une. Toutes les extrémités sont maintenant à l'intérieur et peuvent être coupées. Ceci est la base du fauteuil. Posez-la avec le siège

en haut. Placez maintenant des baguettes pour les bras et le dossier,
en les introduisant dans les rangs supérieurs de la clôture sur trois
côtés du siège, en laissant le devant libre. Nattez quelques rangs dans
les deux sens, en retournant lorsque vous arrivez à la dernière baguette.
Ensuite, terminez par un rang de tresse, laissez un intervalle et récom-
mencez la clôture pour assortir à la base. Faites une autre bande étroite
de clôture, comme le montre la figure 133, laissez encore un intervalle,
puis courbez les baguettes pour finir la partie supérieure. Celle-ci
devra être faite plus haute derrière que devant. Chaque baguette sera
placée derrière une, devant deux, derrière une, devant une, derrière
une. On fera de même de chaque côté, en commençant aux extrémités

Fig. 135. — Berceau de poupée.

opposées, de manière à avoir les deux côtés semblables ; les baguettes
du milieu devront être placées n'importe où pour finir. Naturellement,
la base et le dossier pourraient se faire entièrement en clôture pleine
si on le désire, mais les intervalles donnent au fauteuil une apparence
de légèreté. Un autre genre de fauteuil de poupée est représenté par
la figure 134. Commencez par fabriquer un morceau de vannerie rond
plat, comme pour un panier d'ordinaire. Lorsqu'il est assez grand pour
le siège du fauteuil, placez les montants et nattez les côtés, en tirant la
clôture de plus en plus pour la rétrécir jusqu'à ce que les montants se
rejoignent ; alors laissez-les s'écarter de nouveau de façon que la forme
ressemble à un sablier, et terminez par une bordure cordée. Ceci fait
un tabouret rond ; mais pour le transformer en fauteuil, il faut y ajouter
un dossier. A cet effet, posez des baguettes, soit à plat dans le siège,
soit perpendiculairement dans les côtés en laissant de la place pour le
devant ; ensuite, nattez dans les deux sens pour former les côtés et le
dossier. Cette dernière partie sera faite plus haute, en y ajoutant
quelques rangs de clôture. Lorsque les côtés seront assez hauts, laissez
le dernier montant de chaque côté ; au tour suivant, laissez-en deux de
chaque côté et ainsi de suite pour terminer le dossier en inclinant.

Pour finir, faites une bordure cordée ou toute autre que vous préfé-
rerez.

Pour un berceau de poupée (fig. 135), faites un panier ovale peu profond, dont les montants, d'un côté, seront beaucoup plus longs que de
l'autre de manière à former la capote. Montez les côtés et finissez par
une bordure en treillis posant sur la clôture. Cette bordure ne devra
pas être faite sur tout le pourtour ; la place nécessaire devra être
ménagée pour la capote, et la clôture continuée. Pour ce qui est de
la capote, nattez quelques rangs dans les deux sens ; puis, opérez comme
le représente la figure 135 de manière à relever la clôture davantage
au milieu. Faites quelques rangs unis, tout en travers, puis, de

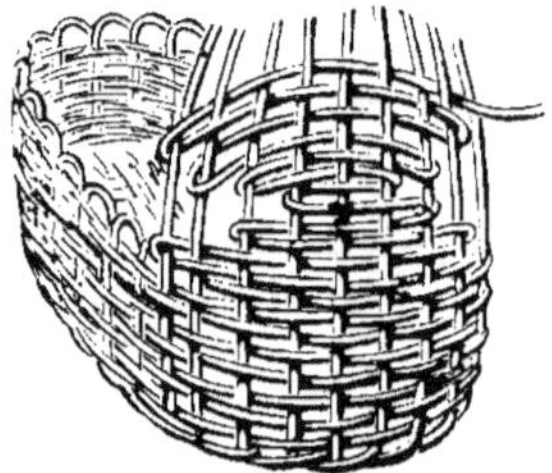 

Fig. 136. — Capote de berceau.   Fig. 137. — Table de poupée.

nouveau, relevez le milieu, et répétez cette méthode jusqu'à ce que
la capote soit suffisamment grande. Courbez la baguette de devant
à droite par-dessus le devant de la capote et enfoncez-la à côté de
la baguette de devant à gauche. Prenez la baguette de devant de
gauche et enfoncez-la de même du côté opposé ; cela forme un bord
solide pour la capote. Toutes les baguettes qui restent seront tournées
sur ce bord et retournées en arrière pour former une bordure.

On peut faire également une table de poupée comme celle que représente la figure 137. La partie supérieure est un morceau de vannerie
rond plat, terminé par une bordure cordée. Pour les pieds, prenez
deux morceaux de rotin n° 4 ou 5 ; puis, le milieu de la table étant fait
comme figure 138, introduisez-y une extrémité d'un morceau à une
ouverture A et l'autre à B. De même, introduisez le second morceau
en C et en D, en tirant les quatre bouts sous la table jusqu'à ce que le
dessus soit bien plat. Tout ces bouts doivent avoir une longueur double
de la hauteur de la table.

Tournez la table sens dessus dessous, les pieds en l'air, et nattez

quelques rangs pour les étendre. Le meilleur moyen consiste à natter
le brin autour de chaque montant ; trois ou quatre rangs suffiront. Un
autre moyen, c'est de natter dans les deux sens trois rangs entre les
baguettes 1 et 2, de faire de même entre les baguettes 2 et 3, puis entre
3 et 4, et entre 4 et 1. Chaque pied sera terminé séparément, et pour
cela, doublez une baguette en boucle de la longueur voulue pour la
hauteur de la table, coupez-la et introduisez l'extrémité dans la clôture
qui vient d'être faite : puis, nattez dans les deux sens, en remplissant la
boucle autant qu'il est possible, comme le représente la figure 139. Lorsque la boucle est remplie, fixez l'extrémité du brin en l'introduisant
dans un creux quelconque. La boucle devra être de beaucoup plus

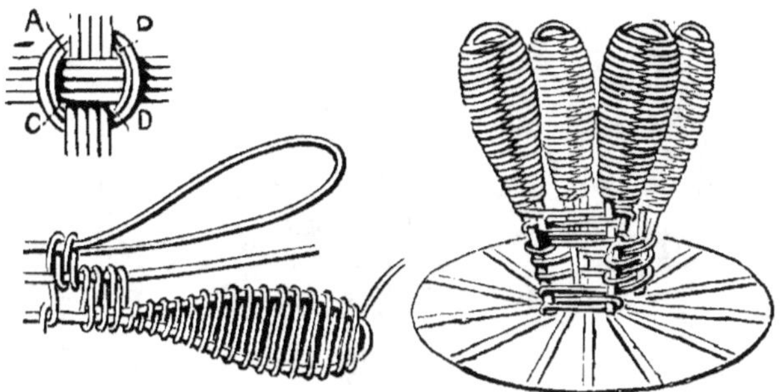

Fig. 138 à 140. — Construction de table de poupée.

remplie que ne le représente l'illustration, où elle est plus relâchée pour
montrer le détail du travail ; terminée, elle doit avoir l'apparence de
la figure 140. Faites les quatre pieds de la même manière, en ayant
bien soin de leur donner exactement la même hauteur, car sans cela, la
table ne serait pas d'aplomb.

La figure 141 représente un écran devant de feu très pratique. Faites
un morceau de vannerie, rond et plat, avec autant de rayons qu'il peut
en tenir, et aussi plat que possible. Nattez en tournant jusqu'à ce que
les rayons s'écartent trop et, lorsque cela se produit, insérez des
baguettes, comme le montre la figure 142, une de chaque côté de chacun des rayons. La figure 142 montre comment treize rayons ont été
complétés à trente-sept. Continuez à natter tout en maintenant à plat,
jusqu'à ce que d'autres baguettes soient nécessaires. Insérez-les de la
même manière et continuez pour obtenir finalement un morceau circu-
laire plat de 65 centimètre de diamètre au minimum. Terminez-le par
une bordure cordée épaisse aussi ferme que possible. On devra se pro-

curer un support en fer ressemblant à la figure 143. Introduisez la
longue tige de fer jusqu'au milieu de la clôture, avant de commencer
la bordure cordée, afin que celle-ci soit bien serrée. Peignez le support
d'une couleur assortie à la clôture, ou recouvrez-le complètement avec
du rotin plat, enroulé et serré tout autour. Terminez par un flot de
ruban, comme l'indique la figure 141. Si le morceau de fer est un peu
gros et ne peut être enfoncé, il faut couper et enlever jusqu'au milieu
quelques baguettes, de sorte que le support puisse être inséré dans
l'intervalle ainsi formé. Cet écran se pose sur le plancher. On peut faire
des écrans à main de la même manière à peu près, avec des manches
noir et or que l'on achète à bon compte.

Pour faire un porte-papiers (fig. 144), commencez par le fond plat

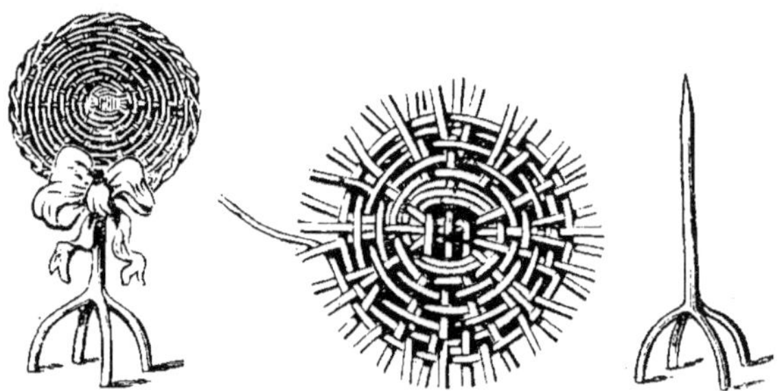

Fig. 141. — Ecran devant de feu.   Fig. 142. — Vannerie de l'écran.
Fig. 143. — Support de l'écran.

sur lequel on pose les papiers. On le fait sur cadre carré, comme le fond
d'un panier carré (fig. 127). Remplissez le cadre en faisant la clôture
dans les deux sens, et pour terminer les gros rotins, repliez-les sur le
cadre aux extrémités et enfoncez-les dans la clôture. Il n'y a pas besoin
de rotins croisés. Lorsque le fond est fait, insérez-y d'un côté un
nombre suffisant de baguettes, comme dans la figure 145, mais, de pré-
férence, ce doit être un nombre pair. Les baguettes des extrémités sont
un seul et même morceau de rotin replié par en haut et qui forme
l'anse ; les autres sont de simples morceaux (fig. 146). Nattez alors le
côté, dans les deux sens, et terminez par une bordure à boucle, comme
le montre la figure 144. La baguette B (fig. 146) est insérée à côté
de A ; C, à côté de B ; et E, à côté de D ; ensuite, une fausse baguette
devra être ajoutée pour faire la boucle entre E et F. L'autre côté se
fait de la même manière. Tournez le porte-papiers sens dessus dessous
et faites quelques rangs de clôture pour former ainsi une bande sous

le fond et le fixer en place. Celle-ci sera également finie avec une bordure à boucle comme l'illustration, et les deux côtés identiques.

Si le porte-papiers doit avoir une séparation au milieu, il faudra y insérer des baguettes au milieu du fond et faire un morceau de clôture

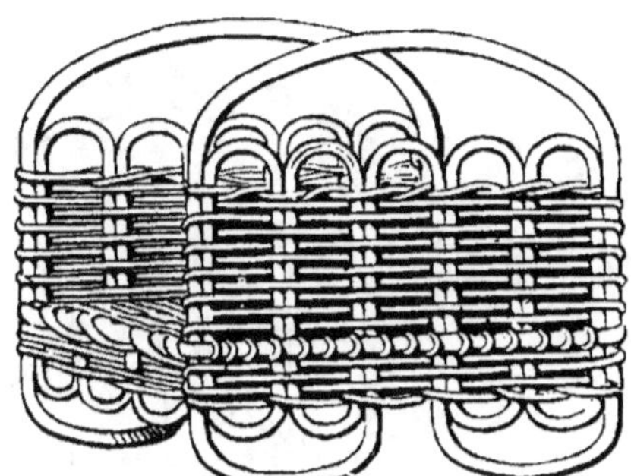

Fig. 144. — Porte-papiers.

semblable aux côtés. Ceci sera plus facile à monter en premier lieu, et les côtés ensuite. Il faudra également faire un morceau sous le fond aux deux extrémités pour maintenir les côtés verticalement. Enfoncez les deux extrémités d'une baguette à travers le fond, et tirez-les forte-

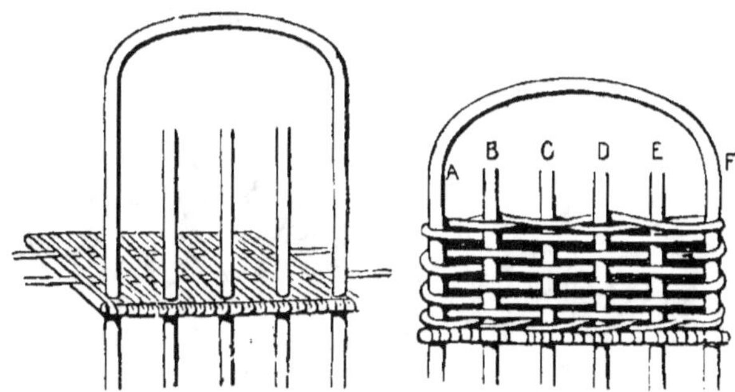

Fig. 145 et 146. — Façon du porte-papiers.

ment en-dessous ; chaque morceau de rotin fera ainsi deux baguettes.

Si le porte-papiers est grand, on peut faire l'anse de beaucoup plus forte en ajoutant deux morceaux de rotin à côté du premier et en haut les trois ensemble, comme figure 147, avec du rotin plat. On peut apporter de la variété en faisant un fond plein et des côtés à jour. On peut également doubler le porte-papiers avec de l'étoffe de couleur claire (fig. 148).

On fabrique un lit de poupée (fig. 149) de la même manière qu'un porte-papiers miniature, en faisant les petits côtés au lieu de natter les

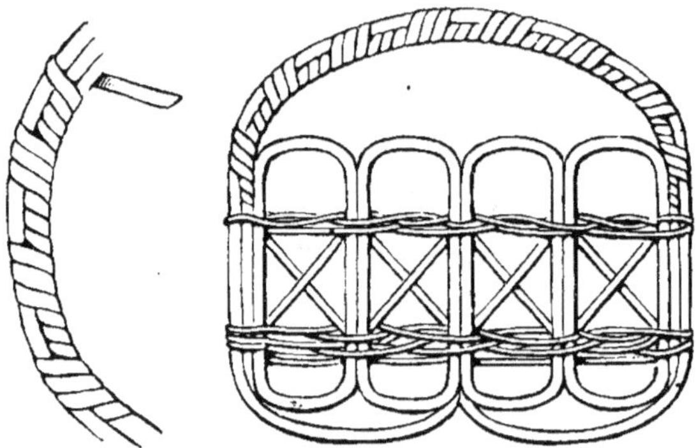

Fig. 147. — Anse du porte-papiers.   Fig. 148. — Côté à jour de porte-papiers.

grands, et l'un de ceux-ci plus haut que l'autre, pour la tête du lit. Avec un peu d'ingéniosité, on pourra adapter ce procédé à la confection d'un sofa, en nattant les deux extrémités et le dossier. Une chaise peut aussi se faire d'après le même principe. Pour faire un panier

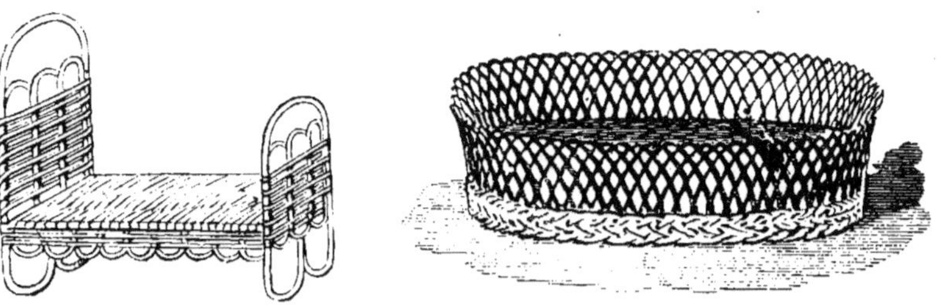

Fig. 149. — Lit de poupée.   Fig. 150. — Panier ovale à jour.

ovale à jour (fig. 150), on applique aussi le même procédé que celui décrit pour le panier fantaisie carré. On devra faire tout le panier avec le rotin le plus fin, numéro 00. Pour le fond, mettez vingt rotins croisés en cinq groupes de quatre, et trente-deux rotins dans la longueur, arrangés en six groupes de deux au milieu et dix isolés de chaque côté. Le fond est retenu par quatre rangs de tresse tout autour, puis par trente-deux rangs de simple nattage maintenant les rotins principaux séparés par groupes de quatre. Cela fait un fond ovale plat de 19 centimètres sur 14 centimètres environ. Insérez des baguettes supplémentaires ayant environ 50 centimètres de long, toujours par groupes de quatre, placés dans les premiers groupes, et un groupe dans chaque intervalle, formant ainsi cinquante-six groupes de quatre brins chacun.

Montez ceux-ci à angle droit du fond plat. Il n'y a pas de nattage plein sur les côtés ; les jours commencent de suite (fig. 151). Prenez tour à tour chacun des groupes de quatre montants vers la droite, en

Fig. 151. — Côté de panier ovale à jour.

avant de trois groupes, derrière deux, devant deux, derrière deux et rabaissez les extrémités à l'extérieur du panier. Faites ainsi tout le tour et revenez au point de départ. Tirez toutes les extrémités jusqu'à ce que la bordure ait une hauteur de 5 centimètres sur tous les points.

Les extrémités sont toutes en dehors, pointant vers le bas. Pour la bande, qui forme aussi une petite tresse sur laquelle repose le panier, prenez chaque groupe de quatre baguettes à son tour et passez-le vers la droite, devant deux groupes, derrière deux, et laissez les extrémités pointant vers le haut. Faites de même sur tout le pourtour. Prenez ensuite de nouveau chacun des groupes vers la droite, devant deux groupes et derrière un, les extrémités se dirigeant maintenant toutes vers le bas. Cela étant fait très également tout autour, coupez les extrémités à trois ou cinq centimètres du panier ; laissez-le sécher complètement, puis coupez-les ras au milieu de la bande. Si le panier n'est pas absolument sec à ce moment, les extrémités rentreront et la bande se défera.

CHAPITRE XI

ENVELOPPES POUR CARAFES ET BOUTEILLES

Avant de revêtir de vannerie des bouteilles de grès, il faut décider si la partie supérieure, à partir du cou jusqu'à l'épaulement, doit être couverte. Souvent, il y a un nom et une adresse marqués sur cette partie de la bouteille ; le revêtement commence alors au-dessous. S'il n'y a ni nom ni anse, on recouvre d'abord la partie supérieure, du cou à l'épaulement. Certaines bouteilles sont entièrement recouvertes d'osier ; d'autres ont le fond en rotin, et parfois une ou deux anses de

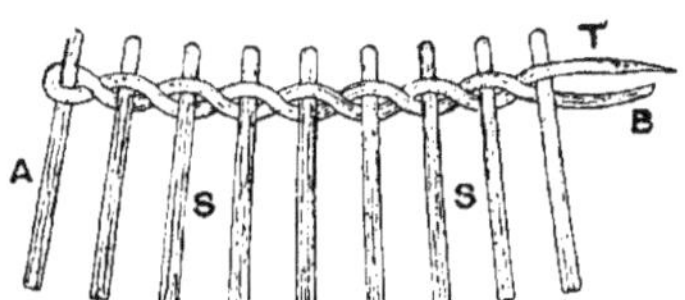

Fig. 152. — Commencement du haut du revêtement.

même matière. Nous décrirons dans ce chapitre le revêtement complet d'une grande bouteille.

Coupez d'abord neuf baguettes minces un peu plus longues que la distance qui sépare le cou de l'épaulement. Prenez un long brin d'osier, TB (fig. 152) et pliez-le sous le pied gauche de manière à faire deux parties à mettre en œuvre, autour de la baguette A ; puis, liez ou assemblez les huit autres baguettes, comme le montre la figure. Lorsque la neuvième a été fixée, mettez le tout sous votre pied, puis

placez les extrémités assemblées autour du cou de la bouteille en les
serrant, repliez l'une des deux parties du brin tout alentour pour
terminer et pour dissimuler les extrémités des neuf baguettes ; ensuite,
avec les deux bouts T et B, liez la première baguette A (voir fig. 153)
qui sera ainsi contre la neuvième baguette T. Après l'appariement

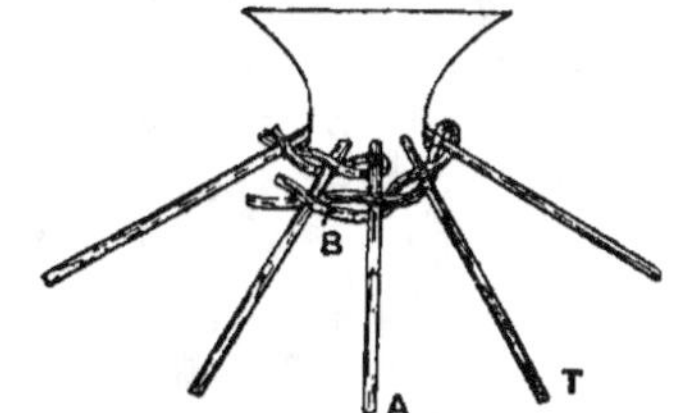

Fig. 153. — Enroulement autour du cou.

alterné de trois ou quatre baguettes, faites une mèche de deux ou trois
brins en ajoutant des brins D (voir fig. 154) jusqu'à ce que le bord de
l'épaulement soit atteint. Dans tout travail par mèches, la baguette
impaire est très utile, car, en mettant de temps à autre un seul brin à

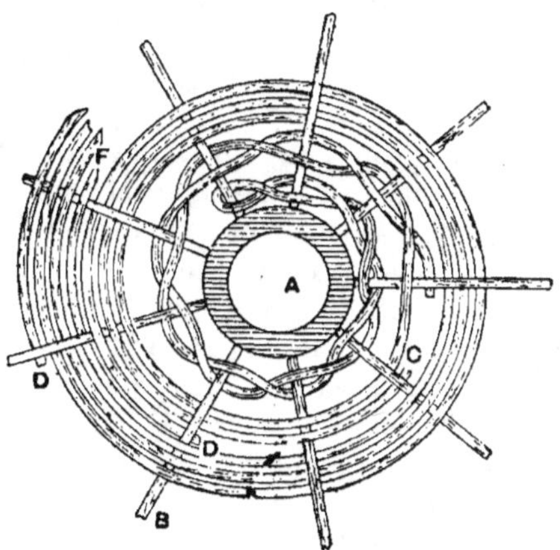

Fig. 154. — Plan du haut du revêtement.

la fois, quand les premiers sont finis, il est possible de travailler
continuellement en tournant, depuis le commencement jusqu'à la
hauteur voulue de la couverture (voir fig. 155 et 156). Dans la
figure 155, A représente le goulot de la bouteille ; B, les baguettes ; C,
le commencement de la mèche et F, le brin terminé.

Il est bon de passer un brin seul autour de l'épaulement et d'en terminer l'extrémité fine en l'introduisant à l'endroit où on l'a commencé. Avec les cisailles, coupez ras les extrémités des neuf baguettes ; puis commencez le revêtement de la partie cylindrique de la bouteille. Coupez quatre baguettes, plus longues d'environ 8 centimètres que le diamètre du fond ; entaillez chacune le long du milieu du côté concave sur une longueur de 5 à 8 centimètres et attachez-les exactement de la manière qui a été décrite à propos du panier rond dans le chapitre IV, en utilisant le gros bout de la première attache comme demi-baguette. Si l'on emploie de l'osier, l'on fait le fond par mèches de la même

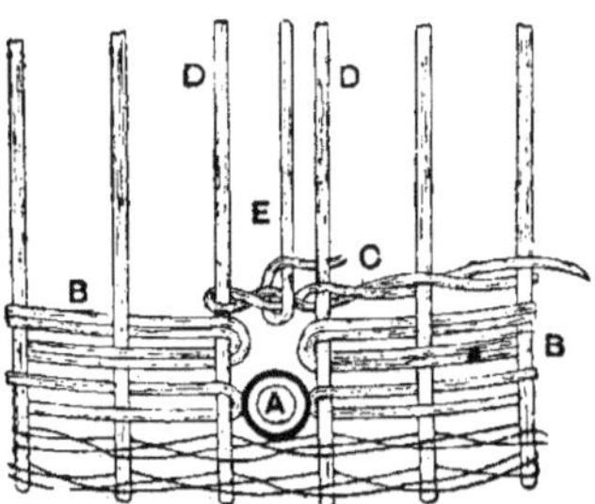

Fig. 155. — Partie du revêtement montrant l'ouverture ménagée
pour le robinet.

manière ; si c'est du petit rotin, on le travaille séparément, en ajoutant un autre rang de toute manière convenable lorsqu'un ancien est fini. Le fond apparié doit avoir exactement un centimètre de plus que le fond de la bouteille de façon que le revêtement s'applique juste. Préparez huit paires de baguettes et coupez les pointes du côté convexe ou extérieur, mouillez-les, et, en plaçant le fond sous votre pied gauche, enfoncez-les à droite et à gauche des extrémités des premières baguettes. Deux de celles-ci ne reçoivent qu'une baguette chacune, et elles devront être plus rapprochées l'une de l'autre. Pour renverser les baguettes, on emploie généralement trois brins que l'on commence par leur gros bout, taillé en pointe et introduit à côté de trois des premières bagettes, puis mis en œuvre comme dans le renversement à trois brins. Lorsque la bouteille est munie d'un robinet, il faut laisser une ouverture pour le passer, comme le représente A dans la figure 155. Après avoir fait le renversement, cherchez l'intervalle le plus grand entre deux paires de baguettes quelconques, et faites-y venir le robinet A. Puis, commencez la mèche comme dans le panier rond (chapitre IV), en la tournant autour des baguettes D, des deux côtés du trou du robinet jusqu'à ce qu'il soit au niveau (voir fig. 155). C'est un brin simple, doublé et mis en œuvre par-dessus pour recevoir la baguette impaire E. Repliez un petit brin d'osier autour de la baguette de gauche du trou du robinet, de manière à obtenir deux bouts pour travailler ; tordez-les plusieurs fois l'un sur l'autre et prenez la baguette de droite entre eux, comme en C de la figure 155. Coupez le brin et placez-le derrière une baguette de façon qu'il ne se voie pas. Taillez une baguette en biais (fig. 156) et repliez-la sur le

Fig. 156. — Bordure du revêtement.

brin tordu tout auprès du bord de la saillie, comme l'indique E dans la figure 155. Ajoutez le gros bout d'un autre brin au deuxième qui reste et continuez le travail de la mèche en tournant jusqu'à ce que vous arriviez à l'épaulement, où la partie supérieure a fini. La mèche à trois brins (fig. 155) est maintenue en état par l'adjonction d'un autre brin (gros bout) au-dessus des autres juste avant que l'extrémité fine du brin du bas soit finie à l'extérieur. Maintenez simplement les

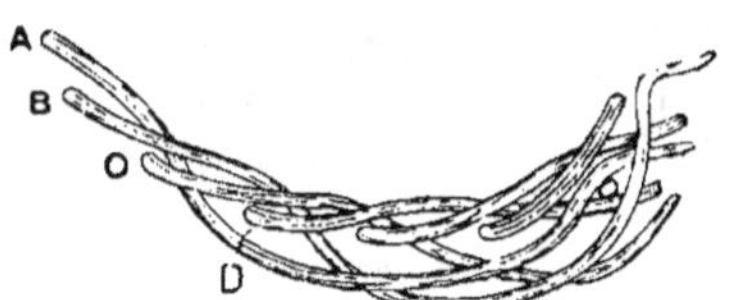

Fig. 157. — Brin taillé en biais.

mèches au niveau en passant un brin unique à l'épaulement de la bouteille. Il faut que la bordure couvre juste le bord de la partie supérieure du revêtement. Abaissez quatre baguettes, A, B, C, D (fig. 157), chacune d'elles derrière deux autres, en tournant toujours vers la droite en faisant la bordure. Les extrémités saillantes des quatre brins seront prises tour à tour, passées devant trois baguettes droites, puis derrière la quatrième, et laissées en avant de la cinquième, tandis que la dernière baguette dressée de gauche est abaissée à côté. On répète ce travail tout autour, et les quatre ou cinq dernières extrémités des brins sont « bourrées » auprès des baguettes qui ont été abaissées les premières. Coupez les extrémités saillantes des baguettes au ras de la

bordure ; les deux anses peuvent alors être faites sur celle-ci. On prend
le plus souvent un brin d'osier ou un rotin pour chaque anse, et, bien
entendu, le bourrage de la bordure est toujours couvert par l'une des
anses ; l'autre est en face. Taillez une pointe au gros bout de chaque
brin de l'anse comme en A de la figure 158 et introduisez-le par le
haut de la bordure à côté d'une baguette ; tordez-le ensuite comme
une corde, courbez-le vers la gauche et enfoncez-le sous la bordure en
avant, en vous servant du poinçon, puis tirez-le par en bas pour la
faire passer au travers ; repliez-le trois fois par-dessus l'arc qui a été
formé, puis passez-le à travers la bordure vers la droite du gros bout
taillé en pointe ; tirez-le à nouveau, repliez-le en travers dans le creux

Fig. 158. — Anse sur la bordure du revêtement.

formé, comme le montre la ligne pointillée de la figure 158 ; retournez-
le par l'ouverture en E, et terminez en F ; ensuite, coupez-le ras. Si
elles sont très serrées, ces anses à un brin pourront durer fort longtemps. Lorsqu'on emploie du rotin très mince, le passer deux fois
sous la bordure C (fig. 158) au lieu de le reporter en E ; il faut alors le
terminer en B.

Dans le travail par mèches de ces revêtements, il est bon de couper
les gros bouts des brins juste en biais, en tenant une petite poignée,
de niveau, dans la main gauche et en se servant de la serpette ; en les
plaçant tous, l'entaille tournée du côté de la bouteille, ils ne pousseront
pas autant les baguettes vers l'extérieur. Coupez ras extérieurement
toutes les extrémités fines, et le revêtement sera terminé. Pour ce
travail il faut se tenir debout au-dessus de la bouteille pour faire la
partie supérieure, en la maintenant avec le genou gauche ou de toute
autre manière.

CHAPITRE XII

VANNERIE DE PÉCHE

Les nasses sont faites en vannerie, comme le représente la figure
159. La partie principale se compose d'un panier en forme de cigare
ayant environ 1 m. 20 de long et 15 centimètres de diamètre à la partie
la plus large. Les bâtons devront être espacés de un centimètre. A
l'une des extrémités (A), un panier en forme de cheminée est adapté,
la partie pointue vers l'intérieur. Il est composé de morceaux de bois

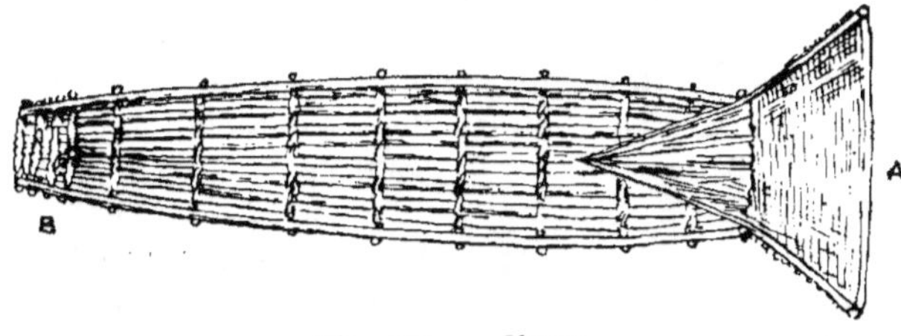

Fig. 159. — Nasse.

flexibles et pointus, s'écartant lorsque les anguilles entrent, mais ne
leur laissant pas la possibilité de sortir de la nasse. L'ouverture B sert
à introduire l'appât et à en enlever les prises : elle est fermée, quand
la masse est tendue, au moyen d'un morceau de toile à sac attaché par
dessus.

Un piège à crabe et à homard est également un article de vannerie
que l'on peut faire facilement. La figure 160 le représente. C'est sim-

plement un panier à jour de 75 centimètres de diamètre sur 50 de hauteur, dont le fond doit être très solide. On jette des pierres sur le fond du papier, pour faire enfoncer celui-ci et une forte ligne pourvue de flotteurs en liège et destinée à en marquer la position est attachée à un côté.

Pour faire des poignées de sticks, prenez huit longs brins d'osier minces et formez-en un pli, comme le représentent les figures 52 et 53. Comme les gros bouts et les extrémités de ces huit brins devront former la bordure, il faut les disposer en alternant. Prenez deux petits brins pour lier le pli. On devra disposer tout d'abord quatre des huit

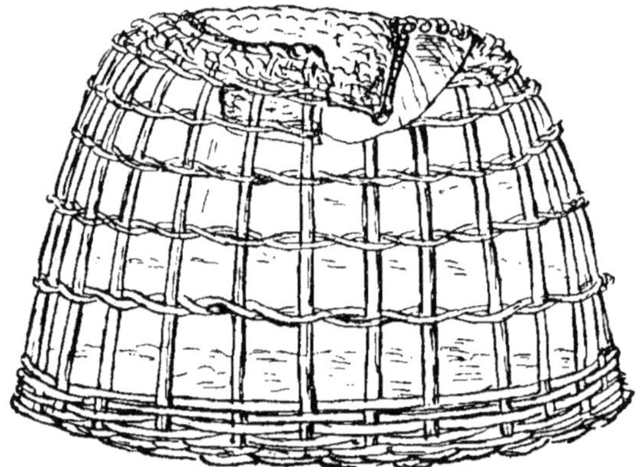

Fig. 160. — Piège à crabe et à homard.

brins, puis les quatre autres en travers des premiers. Lorsque les brins d'attache ont été passés alternativement sur deux tours, les brins sont ouverts l'un après l'autre au moyen des brins d'attache que l'on passe entre eux, formant ainsi seize montants destinés à recevoir la clôture. La demi-baguette I (fig. 52) ne sera pas nécessaire ; un petit morceau sera ajouté au gros bout d'un brin d'attache et enroulé autour des quatre brins de dessous. Pour donner sa forme à la poignée, réunissez soigneusement les seize baguettes et placez-les dans un petit cercle ; chevillez le tout sur le bord du banc à travailler avec un petit poinçon ou un clou. Ensuite, façonnez chaque baguette en la tirant et en la courbant. Prenez deux petits brins, placez une extrémité derrière une baguette, en l'alternant sur la précédente et la seconde extrémité derrière la baguette suivante à droite ; apairez ces deux brins en les faisant passer l'un au-dessous de l'autre autour des baguettes alternativement. Lorsqu'ils sont finis, raccordez-les avec les gros bouts de deux autres brins (fig. 40). Ce travail doit se faire sur une hauteur de 8 à 10 centimètres, puis les baguettes sont posées à plat pour faire la bordure, comme dans la figure 161 A, B et C sont d'abord placés, chacune des baguettes passant derrière deux autres, devant la troisième et la quatrième et finissant devant la sixième, comme en F. Les baguettes D devront être couchées tour à tour Le stick d'escrime est passé au travers près de la bordure d'un côté de la garde et ressort auprès de la couronne du côté opposé. De petites chevilles de bois se placent dans les sticks extérieurement pour les maintenir en place.

CHAPITRE XIII

RÉPARATIONS DES PANIERS

Nous donnerons ici quelques conseils relativement aux réparations des paniers ovales et carrés.

Les paniers doivent être réparés avant d'être trop usés. Dès que la tresse de base est brisée, faites-la bien tremper, retirez toutes les baguettes du pied, avec des pinces si c'est nécessaire, et refaites une tresse. S'il n'y a pas de tresse de base, coupez avec les cisailles le fond

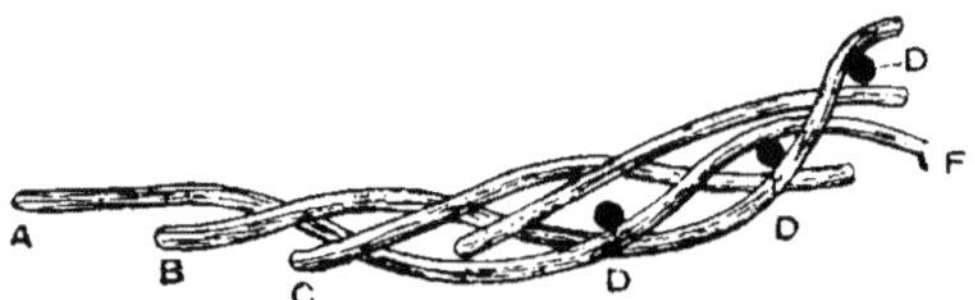

Fig. 161. — Bordure pour garde de stick.

usé, ou défoncez-le avec le pied s'il est trop humide. Si la partie inférieure du panier lui-même est usée, arrachez quelques rangs, enfoncez des baguettes où cela est nécessaire et refaites un peu du renversement (fig. 38). Un nouveau fond doit être fait pour remplacer l'ancien. Naturellement, les baguettes du panier lui-même doivent être coupées très égales tout autour après que le renversement est achevé. De temps à autre, assurez-vous de l'exactitude des dimensions du fond, pour qu'il s'adapte bien ; puis, coupez les extrémités des baguettes du fond, et rattachez ce dernier avec des « rubans » d'osier. Un panier

ovale peut nécessiter six rubans, deux de chaque côté et un à chaque
extrémité. Pour un grand panier carré, il en faudra huit ou dix, trois
de chaque côté et deux à chacune de ses extrémités. Afin de tenir le
fond en place pendant qu'on l'attache, passez deux ou trois poinçons
au travers du renversement et dans le fond, près des baguettes du
fond. Ensuite, choisissez et taillez en pointe six ou huit brins pour faire
des rubans. Introduisez-en un dans le renversement du panier et commencez à le tordre en corde d'un bout à l'autre. Dès lors, on peut le
tirer de côté et d'autre comme une corde. Avec le poinçon, ouvrez la
clôture du fond à 10 centimètres du bord, à droite de l'une des
baguettes ; tirez le ruban par le dedans pour le faire passer, puis sortir
de l'autre côté de la même baguette, tordez-le deux fois en le repliant,
en le tirant bien fort et également, puis enfoncez-le dans le côté du

Fig. 162. — Ruban d'attache.

panier, à une hauteur de 15 centimètres, à la gauche d'une baguette.
Ramenez-le vers la droite à 3 centimètres plus bas, et tordez-le de
nouveau trois fois sur lui-même sur la partie tordue du fond ; passez-le
dans la première boucle, en lui conservant une torsion uniforme, puis
au travers du bord du fond, et renversez, en formant de nouveau une
tresse serrée et unie ; finalement, passez-le à travers la boucle de côté,
tirez très fort et coupez ras le morceau restant. La figure 162 représente une partie d'un ruban d'attache. A se passe à travers le côté du
panier et ressort à la droite de la baguette, pour être de nouveau employé sur toute sa longueur, après quoi on le tourne dans la boucle du
fond, à l'extérieur. Il est terminé en B, extérieurement. On obtient
une torsion égale en tirant fortement. Lorsque tous les rubans sont
achevés, on peut faire une tresse de base comme il a été dit plus haut.
Si des baguettes de la bordure supérieure sont brisées, enfoncez-en
d'autres à leur place, recourbez-les, tirez-les au travers par devant et
bourrez-les, comme le représente la figure 47. Certaines baguettes
devront simplement être passées à travers la bordure par le devant et
le bourrage, l'extrémité intérieure étant coupée ras.

CHAPITRE XIV

FAUTEUILS EN VANNERIE

Le fauteuil en vannerie que représente en entier la figure 163 a été
fait suivant les instructions contenues dans le présent chapitre. Avant
d'essayer de faire le fauteuil, il faudra s'assimiler le contenu des cha-
pitres qui précèdent. On commence le fauteuil en formant une
« courbe », c'est-à-dire que l'on plie un long et solide bâton avec les
mains et un genou pour lui donner la forme représentée en B de la
figure 164. La largeur de la courbe, lorsque celle-ci est arrivée à la
forme voulue, est de 45 centimètres au moins, et la longueur doit être
suffisante pour qu'elle contienne 50 centimètres de clôture. Attachez la
courbe en travers au moyen d'un brin d'osier ou d'un morceau de
ficelle A près de l'endroit où la clôture finira. En formant la courbe,
employez autant que vous pourrez de la partie la plus grosse du bâton.
Il faut ensuite couper huit joints (voir fig. 164) qui devront être très
longs, car ils seront enroulés sur la courbe, recevront la clôture, for-
meront le devant du pied du fauteuil et finiront dans la bordure du
pied. On coupe chacun des gros bouts, comme le montre la figure 165,
jusqu'à 17 centimètres environ. Commencez alors à les replier autour
de la courbe, comme le représente la figure 164. Commencez du côté
droit : placez le commencement de la partie coupée par-dessus la
courbe, en-dessous, puis tirez pour bien la serrer et faites-la passer
par-dessus le joint lui-même ; alors, chaque bout est lié dans le pli du
joint suivant, comme on le voit par la figure 164.

Avec deux petits brins, commencez la clôture, comme il est indiqué
par la figure 33. Puis, faites un nattage simple ; quand il en a été fait

8 centimètres environ, mettez votre ouvrage dans l'étau indiqué en
pointillé (fig. 166) et serrez. Le côté gauche de la courbe nécessitera un
autre bâton que l'on placera à côté pour le consolider. Coupez un bâton
de la longueur approximative de 50 centimètres, taillez en pointe l'extrémité la moins grosse, et introduisez-le dans la clôture, contre le
côté mince de la courbe. Ensuite, coupez deux baguettes que vous
insérerez également, une de chaque côté, entre les joints et la courbe ;

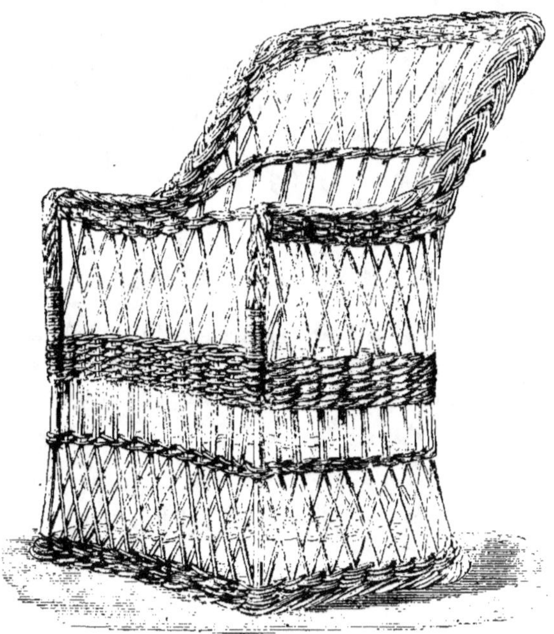

Fig. 163. — Fauteuil de vannerie.

puis, ouvrez-les avec la clôture, ainsi que le montre BB de la figure
166. La partie renforcée en A représente un bâton introduit dans la
clôture pour soutenir l'un des côtés de la courbe.

Sur une longueur de 50 centimètres qui devra être marquée au
crayon avant la mise à l'étau, continuez à natter un à un sur les dix
brins autour de la courbe, en enlevant la fiche après que 12 à 15 centimètres auront été faits de manière à natter rapidement.

Il faut se servir fréquemment de la batte (fig. 8) pour resserrer le
nattage. Lorsqu'il en a été fait 19 centimètres, prenez deux petits brins

avec lesquels vous finirez ; cette fois, mettez environ 23 centimètres de gros bout en arrière des deux bâtons de la courbe. Faites-lui faire le tour de la courbe, derrière le premier brin relevé, et laissez-le en avant du troisième. Prenez maintenant la partie supérieure du même brin,

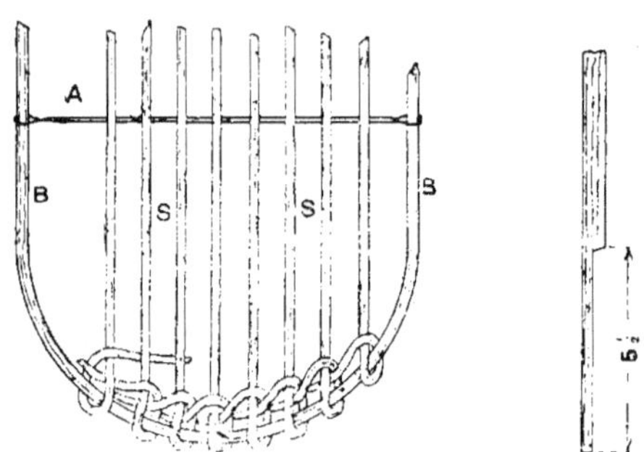

Fig. 164. — Pose des joints sur la courbe.
Fig. 165. — Gros bout taillé.

placez-la par-dessus le gros bout, en arrière du troisième, et laissez-la en avant du quatrième. Raccordez le gros bout avec un autre brin en poussant dans la clôture les gros bouts l'un par l'autre et travaillez-les

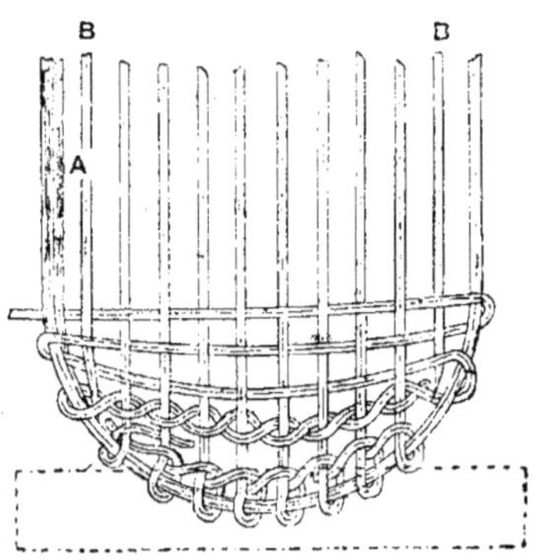

Fig. 166. — Travail du siège.

ainsi l'un par-dessus l'autre, autour des montants. Après les avoir fait tourner autour de la partie épaisse de la courbe, placez-les bien dans la clôture et de nouveau en arrière jusqu'au quatrième montant ; coupez les deux extrémités au dos.

Retirez le siège de l'étau, en ayant soin de ne briser aucune partie des joints qui sont en saillie ; coupez les plus longues des extrémités rugueuses de la clôture, mais pas de trop près de façon qu'elles ne puissent pas glisser au travers lorsque le fauteuil aura beaucoup servi. Coupez les extrémités de la courbe avec les cisailles ou avec une petite scie dans le cas où le gros bout serait très gros ; de plus, si les

Fig. 167. — Pose des bâtons dans le renversement.

joints sont bien mouillés, mettez le genou sur le côté rugueux du siège, et, à l'aide de la pointe du couteau, ouvrez-les à angle droit, comme il a été dit plus haut, dans le chapitre III.

Il faudra maintenant introduire des baguettes tout autour de la

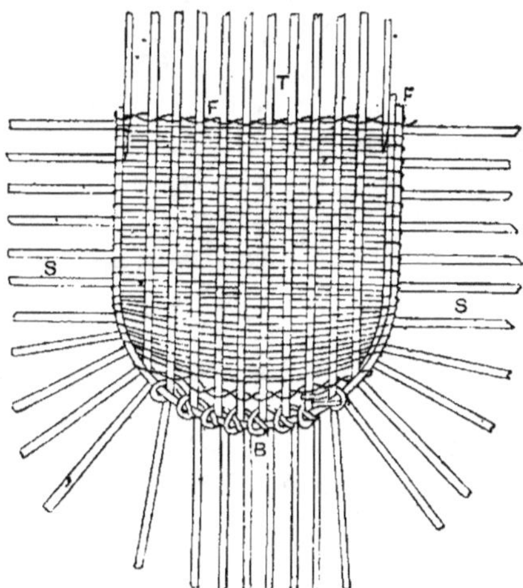

Fig. 168. — Renforçage du siège.

courbe pour constituer le pied du fauteuil. Celui dont nous donnons la description a un pied plutôt plus profond que la moyenne : car le fond du siège se trouve à 35 centimètres de la bordure du bas. C'est une hauteur commode, mais on fait des fauteuils qui n'ont que 15 à 18 cen-

timètres ; c'est une question de préférences. La grande profondeur du
pied entraînera un peu plus de travail et rendra nécessaire une plus
grande longueur des baguettes. Il faudra avoir deux bâtons, droits et
gros, d'une longueur de 63 centimètres et tout à fait dépourvus de nœuds,
car, lorsque le pied du fauteuil aura été fini, ces bâtons devront être introduits avec la batte dans le fauteuil même pour en former les bras. Ces
bâtons sont insérés dans le renversement (représenté sur une plus grande
échelle par la figure 162) sur chaque extrémité du bâton de la courbe,
amincissez légèrement chacune des extrémités plus petites. Coupez seize
paires de baguettes, enfoncez-en une dans la clôture à côté de chaque
courbe, relevez-les et pliez-les, puis laissez-les reprendre leur première
position. Choisissez huit des baguettes les plus grosses, et, après avoir
passé le poinçon à travers la courbe et verticalement à côté de chacun
des joints, introduisez rapidement dans le trou une baguette mouillée
taillée en pointe ; relevez, puis courbez ces huit baguettes. Ensuite,
insérez-en onze dans chacun des côtés de la courbe. Lorsqu'elles ont
été toutes ouvertes avec la pointe d'un couteau, forcez-les au moyen
de la batte, placez-les dans un cercle ayant presque la taille du siège,
et attachez ce cercle avec l'extrémité d'une baguette, en avant et en
arrière, pour l'empêcher de se déplacer. Au sujet de la manière de
placer les baguettes, voyez la figure 168 dans laquelle B représente le
dos du fauteuil, F le devant, S les baguettes et T les joints, qui
forment maintenant des baguettes.

Le renversement (fig. 169) est l'opération suivante, exécutée avec
trois brins alternativement, en tournant toujours vers la droite ; commencez par le côté de gauche, le siège étant posé sur le banc, avec les
extrémités fines des brins, et faites exactement comme le montrent les
figures 38, 39 et 40. Introduisez les deux bâtons aux angles des extrémités (voir fig. 167) et raccordez les gros bouts du renversement sur
le côté de droite ; faites finir ceux-ci du côté gauche pour le premier
tour complet. Les extrémités du deuxième tour commencent du côté
droit ; on les raccorde du côté opposé et on les met en œuvre, pour
former le deuxième rang. Le troisième commence sur le devant, c'est-
à-dire où la clôture a fini, vers la gauche ; on le raccorde sur le dos
du fauteuil et on le finit sur le devant vers la droite. Le quatrième et
dernier rang commence sur l'arrière, est raccordé sur le devant et
fini à l'arrière, en poussant toutes les extrémités fines dans le renversement déjà fait, et en les tirant fortement au travers du côté du devant
ou de l'extérieur. Dans la figure 169, B est la courbe qui représente le
siège ; F, le devant ; S, les baguettes ; U, les brins du renversement,
et C, le gros bâton d'angle.

En ce qui concerne le travail à jour, toutes les baguettes, à l'exception de celles qui sont de chaque côté des deux gros bâtons d'angle, devront être pourvues de contreforts, c'est-à-dire qu'une autre baguette sera introduite dans le renversement à la gauche de chacune des premières baguettes. Des brins n'ayant pas moins de 40 centimètres conviendront à cet effet, sauf aux deuxième et troisième baguettes à la

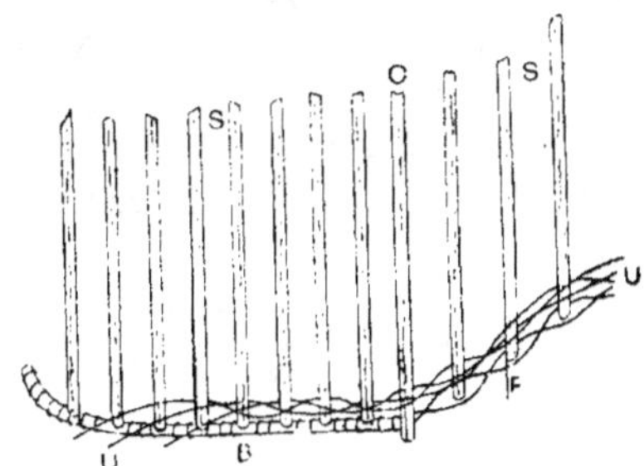

Fig. 169. — Renversement au pied du fauteuil.

droite des deux gros bâtons qu'il vaudra mieux mettre de toute leur longueur ; bien entendu, tous les contreforts, B, doivent être d'une grosseur correspondante à celle des premières baguettes S (fig. 170).

Le pied de ce fauteuil étant un peu plus élevé que la moyenne, il faudra un « assemblage » supplémentaire au milieu, pour le renforcer.

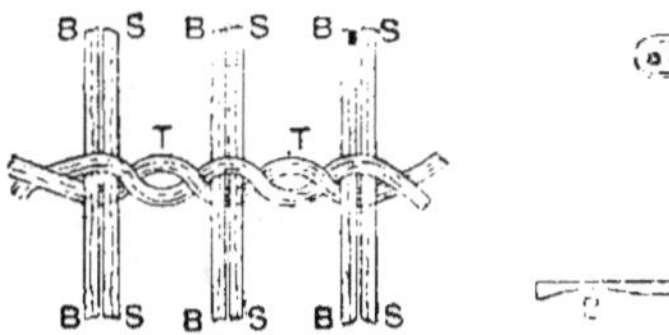

Fig. 170. — Assemblage.   Fig. 171. — Courbure des extrémités des
Fig. 172. — Brin de raccord.   brins d'assemblage.

Un pied de 28 centimètres et au-dessous ne devra avoir qu'un assemblage, placé juste avant de faire la bande et la bordure.

On commence l'assemblage à l'arrière, avec les extrémités fines de deux brins, en passant l'une d'elles autour d'une des paires de baguettes à la droite, l'autre extrémité passant autour par la gauche, liant de la sorte les deux baguettes dans les deux brins et leurs extrémités fines en donnant une torsion à un brin et une extrémité réunis, par-dessus les autres. Souvent, il faudra donner deux tours de torsion avant de lier la paire de baguettes suivante, principalement aux endroits courbés afin de donner au pied quelque peu d'élasticité ; un peu de discernement fera voir quand il vaudra mieux en donner un ou deux. Le procédé d'assemblage est représenté sur une plus grande échelle par la figure 170, dans laquelle S figure les baguettes, et B, les contreforts ; T montre la torsion des brins lorsque cela est nécessaire pour l'élasticité du pied ou en vue d'égaliser les baguettes.

La figure 171 indique comment on doit courber les extrémités fines des brins d'assemblage autour de la première paire de baguettes. Après chaque torsion ou chaque double torsion des brins, selon le cas, on lie

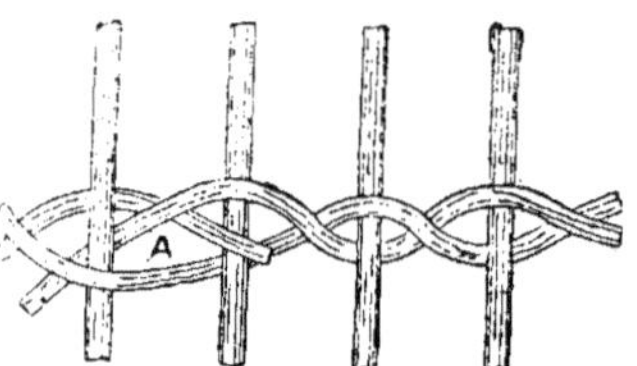

Fig. 173. — Raccord d'assemblage.

les deux baguettes suivantes très serrées entre les deux brins d'assemblage ; prenez les baguettes isolées, celles qui se trouvent tout auprès des gros bâtons, tout comme si elles étaient une paire. Ayez bien soin de ne pas tirer vers l'intérieur les gros bâtons, mais laissez-les parfaitement droits, pour l'équilibre de l'ensemble, s'il faut donner trois tours de torsion aux brins avant d'y lier les gros bâtons. Continuez sur le devant jusqu'au milieu, où les deux brins d'assemblage devront être raccordés au moyen de deux autres ; veillez à ce qu'ils soient assez longs pour faire le tour du côté droit et se bien replier par-dessus les deux qui sont à l'arrière. Les gros bouts des brins de raccord seront coupés comme l'indique B de la figure 172, afin de bien se rejoindre. Quand l'un des premiers gros bouts est fini, on introduit entre eux le gros bout taillé d'un brin de raccord, et on lie le gros bout terminé contre les deux baguettes voisines, où il ressort en avant et est finalement coupé, comme l'indique A de la figure 173. Prenez deux autres brins plutôt forts et commencez leurs extrémités fines sur la gauche de façon que leurs gros bouts finissent sur la droite. Placez chaque extrémité fine derrière une paire de baguettes ; puis, prenez les brins l'un après l'autre et mettez chacun d'eux derrière une paire de baguettes, en les serrant bien pendant le travail. Les brins de raccord n'ont pas besoin d'être taillés, mais seulement insérés, comme dans le renversement; terminez les extrémités fines en les passant entre les premières placées. Ce premier assemblage doit se trouver à 15 centimètres environ du siège.

Faites le second assemblage avant la bande et la tresse de la base. Marquez avec un crayon de distance en distance sur des baguettes une hauteur de 30 centimètres à partir du siège, en posant l'extrémité de la mesure sur le banc. Prenez deux brins d'assemblage (fig. 171) et commencez à l'arrière; on travaille avec ces brins comme avec les derniers, mais il faut croiser les baguettes comme l'indique la figure 174.

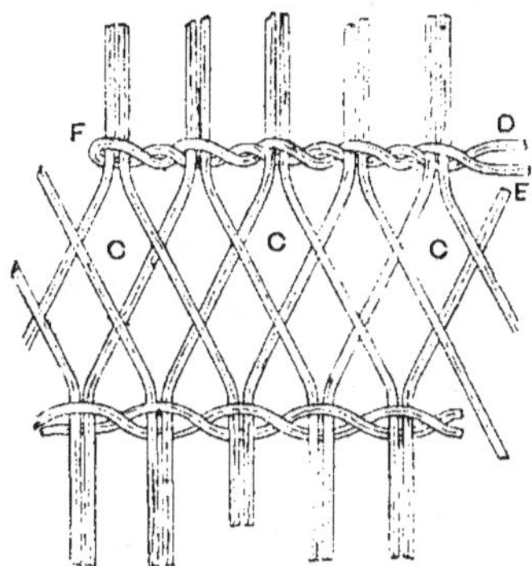

Fig. 174. — Assemblages de pied de fauteuil.

Les baguettes seront croisées en passant d'abord une de droite par le fond, C, derrière deux de gauche et en la liant avec le troisième contrefort de gauche au moyen des brins d'assemblage D et E; et l'assemblage continue de la sorte, en tirant d'abord une baguette de droite, d'une paire, vers la droite, puis une de gauche pour la rejoindre, et, finalement, en les liant fortement ensemble avec les brins d'assemblage; chacune des baguettes doit en croiser deux autres. La figure 174 le fera voir clairement; F représente le commencement à l'arrière. Il faut savoir discerner la place où il est bon de donner une ou deux torsions pour maintenir régulièrement les paires de baguettes. Juste avant d'arriver aux gros bâtons d'angle, insérez une baguette dans le premier assemblage à côté des gros bâtons et de chaque côté; c'est simplement pour faire paraître les angles serrés et pleins; on croise ces baguettes chacune à son tour. Celles de droite de la première paire

située à la gauche des deux gros bâtons et la baguette de gauche de
chaque paire vers la droite de ceux-ci seront liées à côté des gros
bâtons quand l'assemblage les atteindra. Ce dernier est raccordé sur
le devant du pied, exactement de la même manière que le premier.
Les baguettes du devant de ce pied de fauteuil en croisent trois autres
par-dessus, mais ce n'est que pour l'apparence. Lorsque la dernière
paire de baguettes aura été croisée et liée à l'arrière, travaillez simplement avec les extrémités fines des deux brins d'assemblage un et un
sur ces baguettes au point de départ, et continuez ainsi. Immédiatement au-dessus de l'assemblage, il y a lieu de faire deux rangs de
bandes ; on procède exactement comme pour le renversement. Commencez avec les trois extrémités fines du côté gauche du devant ; raccordez les trois gros bouts à l'arrière du pied et terminez sur le côté
droit du devant. Le rang suivant commence à l'arrière, est raccordé

Fig. 175. — Bordure de pied de fauteuil.

sur le devant et terminé à l'arrière. On remarquera que toutes les
extrémités fines de la bande, du renversement, et des brins d'assemblage se recouvrent quelque peu ; ceci aide à compenser l'inégalité de
dimensions des gros bouts et des extrémités fines.

Avant de faire la bordure en tresse de la base du pied, veillez à ce
que les points qui se trouvent aux deux courbures, et aussi aux deux
gros bâtons soient à environ 34 centimètres de hauteur ; s'ils sont un
peu plus hauts que n'importe quelle autre partie du pied, le fauteuil se
tiendra très solidement une fois terminé. Ensuite, au moyen de la
batte, rabaissez la bande sur le milieu des côtés, de même qu'à l'arrière
et sur le devant ; cela relèvera un peu les points ci-dessus. Chacun des
contreforts d'une paire qui est du côté droit devra être soigneusement
coupé avec la serpette, les baguettes du début restant seules pour être
placées dans la bordure.

On commence la bordure du côté droit, à peu près à la troisième
baguette à partir du gros bâton (voir A, fig. 175). Abaissez celle-ci et
les quatre suivantes, chacune en arrière des deux qui sont en avant,
jusqu'à ce que les cinq aient été abaissées. Puis, reprenez la première
posée, passez-la devant quatre baguettes et derrière la cinquième, ce

qui sera la fin de celle-ci, comme on le voit en B. Abaissez la première baguette droite (ce sera la sixième à partir du point de départ) auprès de la baguette terminée, et continuez de la sorte ces deux opérations, en laissant une extrémité fine terminée derrière chaque baguette, — comme le montre la figure 175, jusqu'à ce que vous arriviez aux gros bâtons. C représente la fin de la deuxième baguette.

Serrez les brins autant qu'il vous sera possible ; les illustrations représentent les éléments du travail très distendus pour bien montrer la manière de faire la bordure. La figure 176 montre comment la bordure est terminée autour des gros bâtons. La seule différence entre

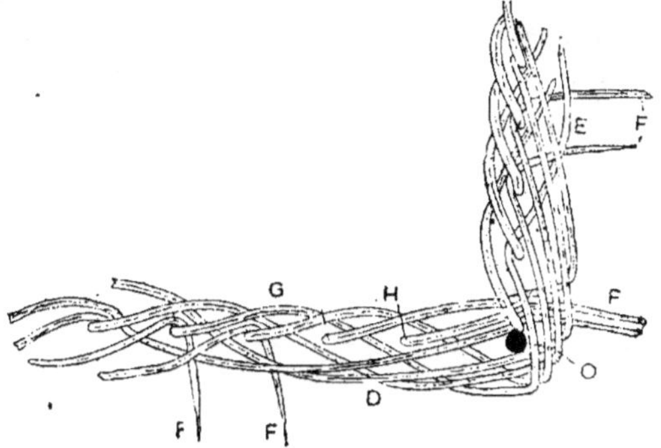

Fig. 176. — Bordure autour du bâton d'angle.

celle-ci et la bordure du panier carré décrit dans le Chapitre III consiste en ce que, dans chaque bâton d'angle de ce dernier, on place une baguette ; mais, lorsqu'il s'agit de ces fauteuils, il faut que les gros bâtons soient absolument libres, pour permettre de les enfoncer dans le pied après qu'il a été terminé.

On passe simplement la bordure autour de ceux-ci, comme il est représenté, et l'une des baguettes — ou les deux — de côté est abaissée à son tour. Dans la figure 176, O représente le gros bâton du pied du fauteuil, D, le côté gauche, E, le devant, et F, les baguettes terminées. En G et H, les extrémités fines terminées ne figurent pas afin que les angles apparaissent plus clairement.

Pour finir la bordure, on insère les deux dernières baguettes droites entre la première et la deuxième et entre la deuxième et la troisième des baguettes abaissées, et on les tire en serrant, comme le montre la figure 177, qui n'est pas une vue latérale des premières baguettes disposées, A et B représentant la manière de passer les deux dernières sous les deux premières.

Pour ce qui est des sept extrémités fines ressortant à l'extérieur, on les porte simplement en avant, chacune à son tour, en les passant devant quatre baguettes, on les égalise et on les courbe avec les doigts et le pouce, on les taille en pointe et on les enfonce à côté de la cinquième baguette, comme le montre la figure 178, dans laquelle T est l'extrémité fine et S, la baguette. Ne pas oublier de mouiller ces pointes ; pour les enfoncer, employer la batte.

Coupez franchement les extrémités fines de toutes les baguettes terminées, au ras de la bordure, et les gros bouts et toutes les extrémités à l'intérieur et à l'extérieur du pied du fauteuil. Les deux gros bâtons sont alors découverts sur 30 centimètres environ. Il faut les bien mouiller et les faire pénétrer dans le pied jusqu'à ce que les plus grosses extrémités soient à peu près au niveau de la bordure. Pour plus de facilité, on travaille les pieds des fauteuils sens dessus-dessous. Maintenant que les gros bâtons ont été enfoncés, le pied tiendra dans sa position normale, tandis que les extrémités plus minces de ceux-ci se

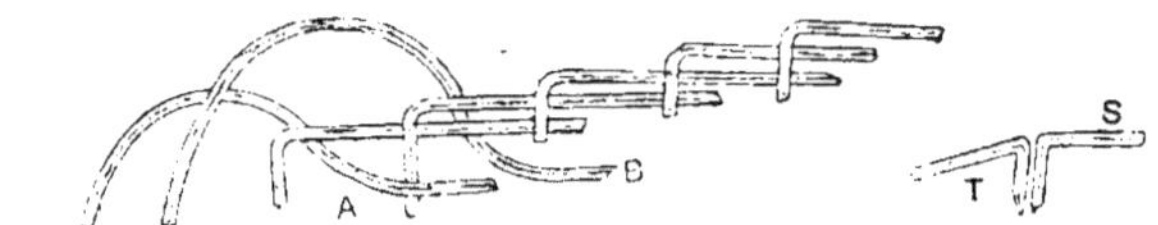

Fig. 177. — Fin de la bordure. Fig. 178. — Bourrage des baguettes.

dressent au-dessus du siège, prêtes à être employées pour les bras. Veillez à ce que le pied tienne bien d'aplomb sur la tresse de la base ; il arrive que l'un ou l'autre des gros bâtons doit être renfoncé un peu de manière à faire tenir le pied bien ferme sur toute surface plane.

On commence le dos du fauteuil en insérant des baguettes tout autour du pied dans le renversement, à côté de chacune des baguettes qui ont été enfoncées dans la courbe du siège. Celles du devant ne sont que des petits brins ; celles des côtés sont environ deux fois plus grosses, tandis que celles du dos doivent être très longues, car celui-ci sera à 65 centimètres du siège et les extrémités fines des baguettes seront employées à faire la bordure par bandes. Coupez les pointes de toutes ces baguettes exactement du côté opposé à celui indiqué à propos du panier carré décrit dans le chapitre III ; on les fait entrer de force avec les deux mains après avoir passé le poinçon aux endroits convenables, principalement dans les endroits courbés et au dossier ; mettez toutes les pointes au même niveau et trempez-les dans l'eau pour pouvoir les faire pénétrer aisément. Enfoncez les baguettes du côté gauche des baguettes

du pied. Si les pointes traversent bien le renversement sur 1 centimètre
un quart ou 18 millimètres ne prenez pas la peine de les couper avant
que le fauteuil soit terminé ; à ce moment, chacune pourra être tranchée
avec le couteau. Lorsque toutes les baguettes auront été enfoncées, il
y aura lieu de faire un rang de renversement, que l'on commencera du
côté gauche. (Lorsqu'il s'agit de côté gauche et de côté droit, il doit
être entendu que le travailleur est censé avoir le devant du fauteuil en
face de lui.) Faites le renversement autour du devant, raccordez-le du
côté opposé avec trois longues baguettes unies de sorte qu'elles puissent
aller au-delà du gros bâton de gauche, et enfoncez une baguette auprès
du gros bâton, sur la droite. Les baguettes de devant devront alors former une bordure pour donner un fini au fauteuil et maintenir le coussin

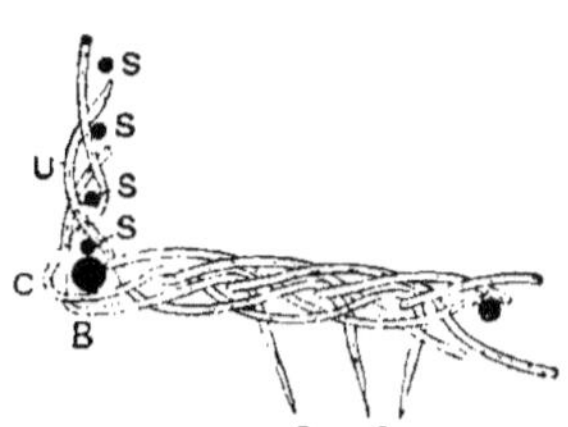

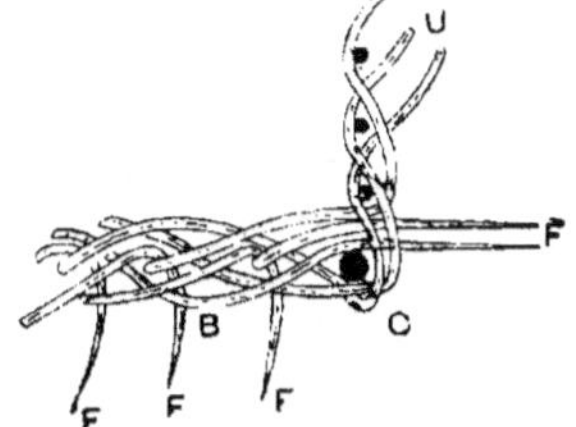

Fig. 179. — Bordure au bord du siège.   Fig. 180. — Fin de la bordure.

en place. Faites passer les trois brins de renversement autour du gros
bâton, comme le montre la figure 179 ; placez V derrière le gros bâton,
et laissez-le devant la première baguette ; ensuite, B devra être tenu en
avant du gros bâton tandis que C est croisé par-dessus B, placé en
arrière de la première baguette et laissé en avant de la deuxième. Puis,
B sera avancé et placé derrière la deuxième baguette libre et laissé en
avant de la troisième. Abaissez la baguette auprès du gros bâton à
côté de B lorsque B sera terminé, et C prendra sa place à son tour. On
peut appeler cette bordure « deux dedans et deux dehors », car chaque
baguette est abaissée derrière les deux de devant puis est placée à son
tour devant deux autres et derrière la troisième, et enfin, on la laisse
achevée en avant de la quatrième, et ainsi de suite. Trois des baguettes,
après avoir fait le tour du gros bâton de droite, doivent être employées
de nouveau comme dans le renversement ; voir la figure 183 où C est le
gros bâton de droite, F, les extrémités fines terminées et V, la conti-
nuation du renversement. Si elles sont un peu minces, raccordez-les avec
trois autres et terminez celles-ci en introduisant leurs extrémités fines

dans le premier renversement et en les coupant à l'extérieur. F, dans la figure 179, représente les extrémités fines terminées.

Toutes les baguettes du dossier et des côtés devront maintenant recevoir des contreforts, sauf la première derrière chacun des gros bâtons. Ceux-ci devront correspondre comme grosseur et comme longueur avec les premières baguettes. On les taille en pointe de la même manière et on les enfonce dans le renversement à la gauche des baguettes en place. Après l'apairage, prenez la mesure sur le siège, et, avec un crayon, marquez une paire, çà et là à 18 centimètres environ au-dessus du siège sur les côtés, et à 25 centimètres au milieu du dossier, comme guide pour le premier assemblage. On le commence au gros bâton de droite (voir fig. 181). Les deux extrémités des brins d'assemblage F sont repliées sur le devant du gros bâton P auquel ils

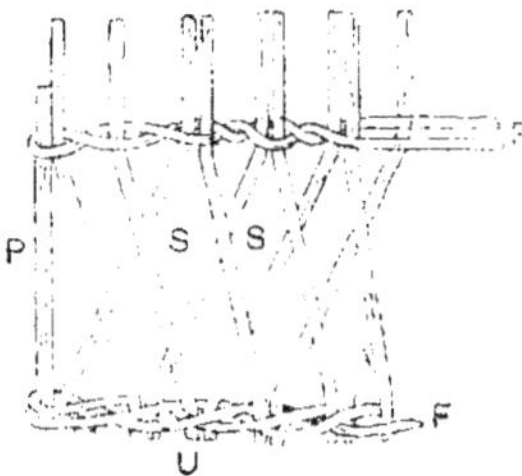

Fig. 181. — Commencement de
l'assemblage.

Fig. 182. — Travail des paires
de brins.

joignent en même temps le premier contrefort, puis on leur donne un tour de torsion pour lier le deuxième contrefort. Ensuite, on lie une paire chaque fois, afin d'obtenir l'effet de croisé ; on peut maintenir sa régularité en donnant soit un, soit deux tours de torsion aux brins avant de lier chacune des paires de baguettes S. L'assemblage se continue alors en avançant la première baguette derrière les deux contreforts, puis en amenant le troisième contrefort pour la rejoindre, et en les liant enfin ensemble.

On continuera ce travail en contournant jusqu'à l'autre gros bâton. Lorsqu'on a fait à peu près 35 centimètres ; on doit relever graduellement l'assemblage autour de la courbe, pour être à 25 centimètres au-dessus du siège dans le dossier, où il faut raccorder les gros bouts de l'assemblage, puis donner une inclinaison dans la courbe pour correspondre avec celle du côté opposé, enfin tout droit jusqu'aux marques de crayon pour former le bras. Avant d'arriver au gros bâton, enfoncez une baguette à la gauche de celui-ci, liez ensemble avec la baguette de droite de la dernière paire, pliez soigneusement les extrémités des brins d'assemblage autour du gros bâton, l'une à droite et l'autre à gauche et employez-les de nouveau dans le sens opposé le long du bras ; puis, coupez seulement les bouts à l'extérieur.

Afin de donner plus de force au fauteuil, il est bon de passer deux autres brins au-dessus de l'assemblage. Commencez près du gros bâton, en plaçant l'un des gros bouts entre celui-ci et la première baguette, puis, serrez-le autour du gros bâton, par devant, passez-le derrière la première baguette et laissez-le devant la seconde. Reprenez la longue extrémité, faites-la passer par-dessus le gros bout derrière la seconde, et laissez-la devant la troisième. Raccordez le gros bout avec le deuxième brin et travaillez-les ensemble comme le représente la figure 182.

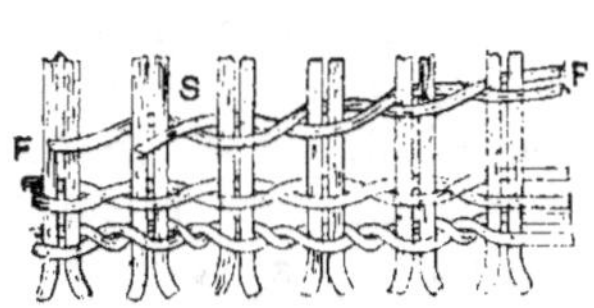

Fig. 183. — Commencement du second assemblage.

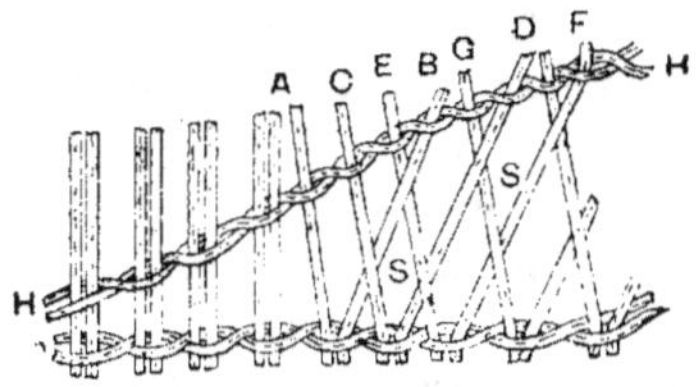

Fig. 184. — Croisement des baguettes dans l'assemblage.

Comme cette partie arrière est plus élevée que la moyenne, il faut y mettre un autre assemblage, pour renforcer, à 12 centimètres environ au-dessus du premier ; on peut, bien entendu, faire l'arrière de la hauteur que l'on veut ; s'il n'a que 50 à 55 centimètres, deux assemblages suffiront, celui du milieu sera inutile. On commence le second assemblage aux troisième et quatrième paires de baguettes, derrière le gros bâton de droite, en plaçant l'extrémité fine de l'un des brins d'assemblage en avant de la troisième, en le passant derrière la quatrième et en le laissant devant la cinquième. Placez la seconde extrémité en avant de la quatrième paire derrière la cinquième et devant la sixième. Continuez comme dans l'autre assemblage ; faites-le s'élever graduellement autour de la courbure jusqu'à la hauteur voulue, raccordez à l'arrière, inclinez à la seconde courbure de manière à correspondre avec la première et terminez les extrémités fines de la même façon qu'au commencement. La figure 183 représente le commencement du second assemblage à l'arrière du fauteuil, indiquant clairement le point de départ et la montée du troisième assemblage. S marque les baguettes ; FF, la troisième paire de baguettes à partir du gros bâton d'angle. Il n'est pas nécessaire de croiser les baguettes dans cet assemblage, il suffira de les mettre par paires. Passez une autre paire de brins au-dessus des brins d'assemblage ; commencez les gros bouts du côté gauche et de la même façon que ceux-ci; serrez-les tout autour de l'arrière et terminez leurs extrémités fines du côté droit. En travaillant de gauche à droite, opérez à l'intérieur du fauteuil, en appuyant les genoux sur le siège. On peut égaliser les assemblages au moyen de la batte, particulièrement aux courbures et aux angles, que l'on doit s'efforcer de rendre symétriques. Un débutant doit y consacrer le temps nécessaire, pour obtenir un travail de bonne apparence.

Le troisième et dernier assemblage (H, fig. 184) doit être passé ensuite autour de l'arrière du fauteuil ; les baguettes sont croisées d'une façon un peu différente et assemblées séparément. Marquez tout d'abord les baguettes à l'arrière avec un crayon, à la hauteur voulue, — dans ce fauteuil, 60 centimètres — pour indiquer le point où doit arriver l'assemblage, mesuré à partir du siège. Commencez les brins d'assemblage comme le premier rang, du côté droit; commencez à « ouvrir » les baguettes à la septième paire. La figure 184 fera sans doute mieux comprendre le mode de croisement de cet assemblage que n'importe quelle description. La paire de baguettes est ouverte de la manière suivante : tout d'abord, A est lié dans les brins d'assemblage, puis C ; ensuite, on avance B derrière C et devant E lorsque E est assemblé ; alors, on lie B. Ensuite, on passe D derrière E et devant G, quand G a été assemblé, et on continue de la sorte à croiser les paires tout autour de l'arrière ; il faut faire les courbures symétriques, pour l'effet de l'ensemble. D'un angle à l'autre, il doit y avoir environ 53 centimètres pour les brins d'assemblage. Il peut être nécessaire de resserrer ou de relâcher, même de doubler, la torsion de l'assemblage pour le tenir en place ; de même, enfoncez une baguette supplémentaire à côté de la dernière paire à ouvrir sur la droite ; ouvrez-la et liez-la à son rang dans l'assemblage ; elle contribuera à l'homogénéité du travail. Ces brins d'assemblage seront raccordés à l'arrière comme les précédents. On se sert de la batte pour bien former les courbures et les angles. Puis, en partant du gros bâton de gauche, passez une paire de longs brins sur l'assemblage, à l'arrière, de toute leur longueur. Placez le gros bout de l'un des brins entre le gros bâton de gauche et les premières baguettes, faites-lui contourner celui-ci, passez-le derrière les premières baguettes et laissez-le en avant de la deuxième paire. Passez la partie longue du brin par-dessus le gros bout derrière les deuxièmes baguettes, raccordez le gros bout et continuez le travail, en vous mettant à genoux sur le siège (voir fig. 182). Prenez deux paires de brins que vous passerez le long de l'arrière, en commençant les gros bouts d'une paire d'un côté ou de l'autre, au-dessus de l'assemblage et à sa montée, comme le représente la figure 183. Ayez soin que les bras correspondent quant à la hauteur, coupez ce qui passe des gros bâtons et terminez avec une bordure à bandes. Coupez soigneusement les contreforts des bras, sauf quand la première baguette placée est mince ; dans ce cas, la paire pourra être abaissée comme si c'était une baguette. Si on a coupé les gros bâtons d'un manche à balai, ce qui convient parfaitement à cet usage, il faudra percer un trou avec une vrille dans le centre, profond de trois à cinq centimètres, et y faire pénétrer une baguette ; ceci n'est nécessaire que

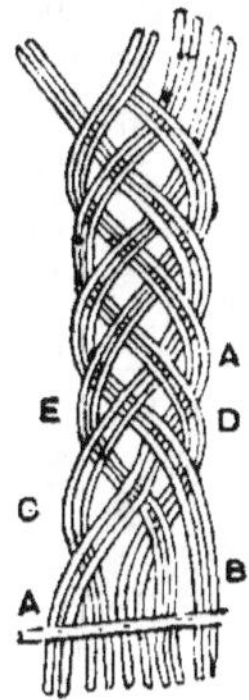

Fig. 185. — Bordure par bandes.

pour le gros bâton de droite. Si ce bâton est une tige mince, le contrefort qui se trouve derrière sera très utile, et on ne le coupera pas avec les autres. Mouillez bien toutes les baguettes deux ou trois fois avec l'éponge, et posez le fauteuil sur le côté pendant que vous couperez dix longues et fines baguettes pour commencer la bande. Introduisez-les dans le renversement devant le gros bâton de droite et commencez à les disposer par bandes, en vous tenant debout auprès du fauteuil. Croisez d'abord la paire A (fig. 185) par-dessus les autres, puis B en travers de A, ensuite C au-dessus de B, D par-dessus A et C, puis E par-dessus B et D, et continuez comme l'indique l'illustration. Lorsque la bande est arrivée au sommet du gros bâton, chaque paire doit être courbée à son tour, pour continuer le long du bras ; deux paires passent en dedans et trois paires en dehors. La bande de la figure 186 le fera bien comprendre. Tout d'abord, passez la paire A par-dessus B et C en avant de la première baguette droite ; laissez-les derrière la deuxième. (La figure 186 représente les baguettes abaissées). Courbez D par-dessus E et A et à côté de la première baguette, laquelle est abaissée avec D et maintenue en bas. B est passé par-dessus C et D et entre la deuxième et la troisième baguettes, où on le laisse ; E est passé par-dessus A et B et posé à côté de la deuxième baguette, qui sera abaissée avec E. Les trois brins seront maintenus abaissés pendant que l'on passera C entre la troisième et la quatrième baguettes. Lorsque D sera posé à côté de la première baguette et que celle-ci sera abaissée, il y aura trois brins en œuvre ; leur nombre ne doit pas dépasser trois, car, quand ils sont posés à côté de la sixième baguette et que cette dernière est abaissée, les brins en œuvre sont au nombre de quatre. Laissez simplement le quatrième (ce sera le plus fin) devant la baguette suivante ; ce sera la fin de ce brin (voir F, fig. 186). On doit finir une extrémité fine à chaque baguette à mesure que le travail avance, exactement de la même manière. Dans la figure, les baguettes sont marquées S.

A la partie supérieure du dossier, les baguettes seront plus rapprochées les unes des autres. Si le travail avec trois brins occasionne des crampes, n'en prenez que deux et laissez une extrémité fine (la troisième) à l'intérieur comme celle qui est restée à l'extérieur ; ou bien, on pourra couper une baguette çà et là et continuer la bande à trois brins qui, naturellement, est bien mieux. D'autre part, en redescendant l'autre angle du dossier, où les baguettes pourront se trouver un peu plus écartées les unes des autres qu'en aucun autre endroit, et les extrémités fines du dossier, plus minces, on pourra parfaitement les raccorder çà et là en introduisant un brin taillé en pointe, de l'intérieur vers la droite des trois à prendre aussitôt, en laissant bien entendu, la quatrième, ou la plus mince, à l'intérieur, pour être coupée lorsque les bandes seront terminées. Poussez toujours la pointe sous la bande, où elle passe inaperçue. A l'approche de l'autre gros bâton, lâchez de nouveau l'un des trois brins en œuvre et terminez avec deux, pour correspondre avec le premier ; et, après avoir abaissé la dernière baguette, disposez en bande les cinq paires de façon que la bande, lorsqu'on la repliera, en bas, par-dessus, et en avant du gros bâton, arrive un peu au-dessous de celui-ci. La bande sera repliée par-dessus le gros bâton d'angle, et l'on verra alors s'il en a été fait assez pour le couvrir.

Coupez les bouts et préparez les extrémités fines, à l'intérieur et à l'extérieur, juste sous la bande, de façon que l'on ne puisse les voir ; de même, les gros bouts dans les raccords ; puis, liez le commencement et la fin de la bande aux gros bâtons d'angle avec deux liens sur une longueur de quelques centimètres. Il peut être utile d'indiquer brièvement la manière de faire les liens avec les brins d'osier. Si l'on ne possède pas les outils nécessaires, il vaut mieux acheter une certaine longueur de rotin fendu et s'en servir à la place, pour lier. Choisissez tout d'abord une demi-douzaine de brins longs et unis ; puis, rognez-en les extrémités fines sur quelques centimètres, et, avec un couteau, un couteau de poche même, fendez en trois l'extrémité ainsi coupée du brin, comme le montre la figure 187. Prenez ensuite dans la main droite le fendoir que représente la figure 12, le brin fendu,

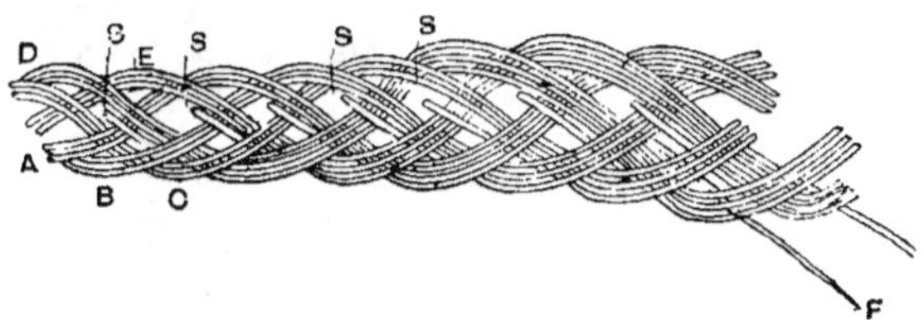

Fig. 186. — Travail de la bordure.

dans la main gauche et procédez à l'insertion comme l'indique la figure 188, de façon que chacune des parties détachées du brin se trouve sur l'un des endroits évidés du fendoir ; poussez celui-ci, en abaissant la main gauche à mesure, mais en la tenant tout près du fendoir C ; ceci est très important. Certaines sortes d'osier se fendront aisément, d'autres devront être mouillées au préalable. Après les avoir fendus, humectez ou trempez bien les liens, prenez le rabot (fig. 16), mettez un doigtier de cuir sur le pouce gauche, asseyez-vous un peu plus haut

Fig. 187. — Extrémité de brin fendue.

que le banc à travailler, posez les liens à portée de la main auprès de vous, tenez le rabot de la main gauche contre le genou gauche, la lame en avant, et introduisez-y un lien, sans oublier que c'est la moelle du brin qu'il s'agit d'enlever. Il faut régler le rabot à l'aide de la vis à ailettes ; le couteau devra être relevé d'abord de manière à enlever seulement une faible partie de la moelle. Appuyez sur le lien avec le pouce recouvert du doigtier et tirez-le vers vous. N'en passez qu'un à la fois. Lorsque tous ont été passés, abaissez légèrement le couteau et rabotez-les à nouveau de bout en bout. Ordinairement, on

doit passer trois fois les liens pour laisser simplement les parties extérieures unies nécessaires. Pour un débutant, il vaudrait mieux les
passer quatre ou cinq fois plutôt que de les couper en deux. Rabotez
les liens tandis qu'ils sont humides, appuyez bien avec le pouce et
mettez le genou un peu bas. La main droite devra tenir le brin plus
bas après chaque passage.

Le fauteuil peut alors être achevé. Coupez la bande de façon qu'elle

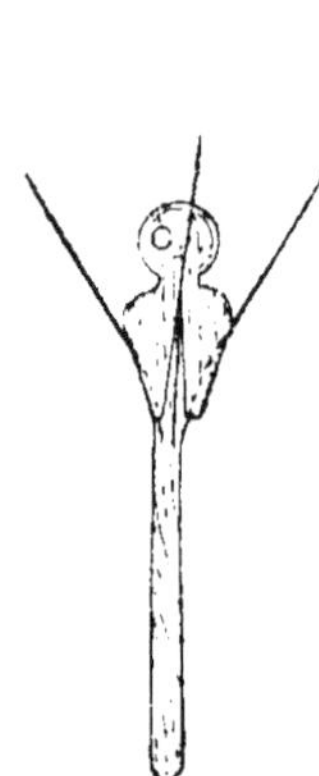

Fig. 188. — Insertion du fendoir
dans le brin.

Fig. 189: — Fin du bâton.

couvre le devant du gros bâton, avec les extrémités se rejoignant tout
juste à la bordure du devant du siège... Mouillez une paire de liens et
enfoncez le bout large de l'un d'eux sous le renversement, comme U
de la figure 189 ; posez-le de nouveau sur le bâton P, passez la partie
longue par derrière et liez fortement les bandes au bâton, comme
en S. Terminez le lien en perçant à travers deux des brins de la bande,
ou auprès de la partie extérieure du bâton, au moyen de l'alène. Introduisez l'extrémité du lien, serrez-la en tirant, tranchez-la, et le fauteuil sera terminé.

FIN

E. GREVIN — IMPRIMERIE DE LAGNY

Publications récentes

DE LA LIBRAIRIE

BERNARD TIGNOL

Librairie Scientifique, Industrielle et Agricole

ACQUÉREUR DES PUBLICATIONS DE LA

Librairie de l'École Centrale des Arts et Manufactures

53bis, quai des Grands-Augustins, Paris

TÉLÉPHONE : 823-28.

LES AÉROPLANES

Historique, Calcul et Construction des Aéroplanes

Par H. de GRAFFIGNY

DEUXIÈME ÉDITION

Un beau volume in-8°, avec figures et planches dans le texte, 4 planches hors texte en phototypie. — Prix. . . . . . . 4 fr. »

NOUVEAU MANUEL
DU
CONDUCTEUR D'AUTOMOBILES
Par Maurice FARMAN
ET
P. MAISONNEUVE

Un beau volume in 8°, cartonnage toile
anglaise. — Prix . . . . **5 fr. 50**

EXTRAIT DE LA TABLE DES MATIÈRES :

Théorie du moteur. — Organes. — Graissage. — Carburateur. — Allumage. — Embrayage. — Changement de vitesse. — Freins. — Châssis. — Les pneumatiques. — Conseils pratiques. — Les pannes et les moyens d'y remédier. — Pompes. — Les soupapes. — Soins à donner avant le départ, etc.

CATÉCHISME DE L'AUTOMOBILE
Par H. de GRAFFIGNY

L'Automobile mise à la portée de tout le monde, par demandes et par réponses.
Un volume in-16 cartonné, couverture en couleurs. — Prix. . . **2 fr. »**

EXTRAIT DE LA TABLE DES MATIÈRES :

CHAPITRE PREMIER. Les Voiturettes Automobiles en général. — CHAPITRE II. Le Moteur. — CHAPITRE III. Le Carburateur. — CHAPITRE IV. La Transmission. — CHAPITRE V. La Carrosserie automobile. — CHAPITRE VI. Conduite d'une Automobile. — CHAPITRE VII. Entretien et réparations. — CHAPITRE VIII. Législation.

LES OMNIBUS AUTOMOBILES
Par LE GRAND

Conseils pratiques sur l'organisation des transports en commun par omnibus automobiles.
Prix. . . . . **1 fr. 50**

EXTRAIT DE LA TABLE DES MATIÈRES :

CHAPITRE PREMIER. Services Interurbains. — CHAPITRE II. Exploitations.
CHAPITRE III. Formalités pour l'établissement d'un service public d'automobiles. — CONCLUSION.

LA MOTOCYCLETTE
THÉORIE – CONDUITE – ENTRETIEN
Par André COQUERET

Un beau volume in-8°, nouvelle édition (1909), avec figures dans le texte et modèle en couleurs des organes superposés et démontables de la Motocyclette. — Prix. . . . . **3 fr. »**
Le texte seul, 2ᵉ édition . . . . **1 fr. 50**

EXTRAIT DE LA TABLE DES MATIÈRES :

Choix de la machine et des appareils. — Accessoires. — Moteur à quatre temps. — Carburateur à pulvérisation. — Conduite — Graissage. — Transmission. — Pannes, etc.

MANUEL DE L'OUVRIER MÉCANICIEN

Huit volumes in-16 avec 872 figures dans le texte. — Prix. . . . . **15 fr. »**
Par M. G. FRANCHE, Ingénieur-Mécanicien (A. M. et E. C. P.)

PREMIÈRE PARTIE. — Principes de Mécanique générale. — Prix. . . . . 2 fr. »
DEUXIÈME PARTIE. — Outils et Machines-Outils. — Prix . . . . 2 fr. »
TROISIÈME PARTIE. — Forges et Fonderies. — Prix . . . . 2 fr. »
QUATRIÈME PARTIE. — Engrenages et Transmissions. — Prix . . . . 2 fr. »
CINQUIÈME PARTIE. — Boulons, Rivets, Chaudronnerie. — Prix . . . . 2 fr. »
SIXIÈME PARTIE. — Machines à vapeur. — Prix . . . . 2 fr. »
SEPTIÈME PARTIE. — Moteurs fixes à gaz et à Pétrole. — Prix . . . . 2 fr. »
HUITIÈME PARTIE. — Hydraulique, Roues, Turbines, Pompes. — Prix . . . . . . 2 fr. »

MANUEL PRATIQUE
DU
MONTEUR ÉLECTRICIEN
Par J. LAFFARGUE, Ingénieur-Électricien

DOUZIÈME ÉDITION ENTIÈREMENT REFONDUE

Par P. JUMAU, Ingénieur-Électricien

Un vol. petit in-8°, reliure anglaise, 1.020 pages, 693 fig. et 5 pl. en couleurs. — Prix. **10 fr.** »

CONSTRUCTION ET EMPLOI
des Machines et Appareils Électriques
Ouvrage à l'usage des Élèves des Écoles Industrielles et des Ouvriers Électriciens
Par Antoine LUZY
Sous-chef d'atelier à l'École Nationale d'Arts et Métiers de Lille

Un beau volume in-8° broché, 2e édition. — Prix . . . . **6 fr.** »

Cet ouvrage, aux prétentions modestes, mais d'un genre nouveau, est la deuxième édition d'un travail dont le succès n'avait pas été prévu.

C'est que l'auteur, en bon praticien, a su grouper, dans les pages de son livre, des principes de travail extrêmement substantiels et toujours basés sur l'expérience. Les tours de main et les conseils relatifs aux travaux d'appareillage et à la construction des enroulements des dynamos, sont particulièrement précieux, pour ceux qui veulent s'initier à des méthodes de travail, souvent gardées jalousement par ceux qui les possèdent.

Manuel de l'Apprenti et de l'Amateur électricien
Cinq volumes in-16, avec de nombreuses figures dans le texte
Par MM. MARIE, ZÉDA et DE GRAFFIGNY
EXTRAIT DE LA TABLE DES MATIÈRES

PREMIÈRE PARTIE. — *Principes d'électricité, Machines électriques,* par R. MARIE ; in-16, fig. 1 à 104. — Prix . . . . **2 fr.** »

DEUXIÈME PARTIE. — *Sonneries électriques, Paratonnerres,* par H. ZÉDA; in-16, fig. 105 à 203. — Prix . . . . **2 fr.** »

TROISIÈME PARTIE. — *Les Téléphones privés et publics,* par H. ZÉDA; in-16, fig. 201 à 285. — Prix . . . . **2 fr.** »

QUATRIÈME PARTIE. — *La Traction électrique, Tramways et Chemins de fer,* par R. MARIE; in-16, fig. 286 à 317. — Prix . . . . **2 fr.** »

CINQUIÈME PARTIE. — *Éclairage électrique dans les appartements,* par H. DE GRAFFIGNY; in-16, fig. 318 à 386. — Prix . . . . **2 fr.** »

LES MEILLEURES
RECETTES PRATIQUES
Par Daniel BELLET

Premier volume. — **Recettes de la Vie Domestique.** Un volume in-16 de 247 pages, cartonné. — Prix. . **2 fr.** »

Deuxième volume. — **Recettes de la Ferme et du Château.** Un volume in-16 de 230 pages, cartonné. — Prix. **2 fr.** »

Troisième volume. — **Recettes des Arts et Métiers.** Un volume in-16 de 200 pages, cartonné. — Prix. . **2 fr.** »